अनुक्रम

1. जज न करें 1
2. खुशियों की आदत 5
3. दिमाग को मजबूत करें 10
4. गुस्सा है बेकार 16
5. एक नई शुरुआत, सकारात्मक सोच के साथ 21
6. कृतज्ञता ही सर्वोत्तम 25
7. खींचो मत, धक्का दो 30
8. संपन्न मानसिकता 35
9. एक शार्क की खोज 41
10. रिवर्स पैरानॉइया 46
11. नकारात्मक सोचना बंद करें 50
12. मस्ती क्यूँ है जरूरी? 54
13. आप एक अंडा हैं या आलू? 58
14. असंभव कुछ नहीं 63
15. मजबूत दिमाग 67
16. क्या तुम सहज हो? 72
17. व्यस्त रहना 76
18. या तो सबसे पहले या सबसे आखिरी 80
19. कॉपीकैट 86
20. क्या हो अगर? 91

21. चिंतन और विवेक 95
22. ग्रो बाइ 10x 100
23. अपना आत्म-मूल्य बढ़ाएँ 104
24. रैडिकल ओनरशिप 109
25. सृजन बनाम चुनौती 114
26. दृढ़ता 119
27. चिंता न करें 124
28. जिज्ञासा 128
29. कबूतर का घोंसला 131
30. बोल्ड बनें 135
31. अपना दुखड़ा रोना बंद करें 140

जज न करें

क्या आपने उर-नम्मू के बारे में सुना है? उन्होंने प्राचीन उर शहर में सुमेरियन राजवंश की स्थापना की थी। उन्हें लेजिस्लेटर के रूप में भी जाना जाता है। लगभग 4,000 साल पहले, यानी 2200 ईसा पूर्व में, उन्होंने कारण और प्रभाव (कॉज़ एंड इफ़ेक्ट) पर आधारित एक कानूनी तंत्र बनाया था। उर-नम्मू के कानूनी कोड के तहत अगर कोई व्यक्ति हत्या करता है, तो उसे मार देना चाहिए। अगर कोई व्यक्ति लूटपाट करता है, तो उसे मार देना चाहिए। आप मेरा मतलब समझ ही गए होंगे।

इन सब कानूनों के बारे में आप ऑनलाइन पढ़ सकते हैं। उर-नम्मू के कोड मिट्टी के टुकड़ों पर लिखकर संरक्षित किए जाते थे। सदियों बाद इन्हें पढ़ना किसी मनोरंजन से कम नहीं है। इनके सभी कानून गुलामी और वर्जिन वाइव्स (कुँआरी पत्नियों) के बारे में हैं। आज के समय में ये चीजें हमारी सोच से परे हैं लेकिन यह भी सच है कि उस समय लोग इन्हीं कानूनों के अनुसार जीते थे। खासकर उर शहर के लोग।

कानून अच्छे आचरण के लिए एक रूपरेखा प्रदान करते हैं। उर-नम्मू ने जिंदगी जीने के नैतिक मार्ग को प्रोत्साहित करने के लिए इन कानूनों को बनाया होगा लेकिन आज के समय में उनका अनुसरण करना उचित नहीं हो सकता। हमारी न्यायिक प्रणाली उस समय से काफी बदल चुकी है बल्कि कानून और भी जटिल हो गए हैं। अब हमारे पास एक न्यायाधीश होता है, जिसे न्यायिक प्रणाली का प्रमुख माना जाता है। लोगों के विभिन्न अधिकारों की सुरक्षा के लिए हमारे पास अब कई स्तर हैं।

आज जो प्रणाली हमारे पास है, वह पहले के मुकाबले काफी बेहतर है। लेकिन, 4,000 साल बाद, यही प्रणाली कठोर और अमानवीय समझी जा सकती है। ऐसा इसलिए है क्योंकि सही और गलत की परिभाषाएँ एक समान नहीं होतीं, वे परिवर्तित

होती रहती हैं। समाज के साथ नैतिकता और नियम भी परिवर्तित होते हैं और समय के साथ, स्वीकार्य करने की धारणा विकसित होती है।

दिक्कत तब शुरू होती है जब हम अपने सच को ही आखिरी सच समझने लगते हैं। जैसे ही हम किसी काम को करने के लिए किसी एक तरीके को सही की उपाधि दे देते हैं, उसी समय बाकी सभी तरीके गलत साबित हो जाते हैं। हालाँकि, जैसा हमने अभी देखा, सही जैसा कुछ भी नहीं होता। यह सब सापेक्ष है।

जब हम चीजों को सही-गलत, या अच्छा-बुरा मानने लगते हैं, तो हम उनके प्रति राय बनाने लगते हैं। और इसी राय से हमारे जीवन में हर प्रकार की दिक्कतें पैदा होती हैं। हम लोगों को स्टीरियोटाइप करने लगते हैं। हम लोगों को सही-गलत के खाँचे में डालने की कोशिश करते रहते हैं और इन्हीं सब कारणों से हम उनसे दूर हो जाते हैं।

आज के समाज की समस्याओं पर नजर डालें तो पता चलेगा कि हम लगातार लोगों को एक दूसरे से अलग-थलग कर रहे हैं और आपस में दरारें पैदा कर रहे हैं। हम लोगों को उनके खाने-पीने, पहनावे या बोलने के लिए जज करते हैं। और हमें जज करने की इतनी जल्दी है कि हम अक्सर उनकी पूरी कहानी जानने की जहमत नहीं उठाते।

जब हम दूसरों के प्रति इतनी जल्दी अपनी राय बना लेते हैं, तो इंसान होने का एक महत्वपूर्ण पहलू कहीं खो जाता है: सहनशीलता, एक ऐसी क्षमता जहाँ हम दूसरों और उनके दृष्टिकोण से असहमत होते हुए भी, उन्हें स्वीकार करते हैं। जब हम अपनी राय बनाते हैं तो असहमती या मतभिन्नता को स्वीकार करने की क्षमता खो देते हैं। सोचिए, अगर बिना सोचे-समझे हम राय न बनाते हुए कुछ पल के लिए ही सही पर किसी अन्य दृष्टिकोण से चीजों को देख सकते तो कैसा होता?

आपके हैबिट कोच होने के नाते मैं चाहूँगा कि आप राय बनाने की मानसिकता को बदलें और कुछ नया सीखने की दिशा में आगे बढ़ें। जिस बात से आप सहमत नहीं हैं, उसके प्रति राय बनाने की बजाय यह देखने की कोशिश करें कि आप उससे नया क्या सीख सकते हैं। चीजों को सही और गलत रूप में देखने की बजाय, विभिन्न दृष्टिकोणों को मौका दें।

इस प्रभावशाली आदत से हमारे अंदर लगातार सीखने की प्रवृत्ति बढ़ती है, जो हमारे विकास में सहायक साबित होती है। जबकि लोगों के प्रति बिना सोचे-समझे राय बनाने की आदत हमारे दिमाग को पीछे की ओर खींचती है।

एक रात की बात है, जब मैं अपने फार्म पर था। मैं सुकून से बैठकर आसमान के तारों को निहार रहा था। अचानक नदी के दूसरे छोर से, गानों की तेज आवाज और लोगों का शोरगुल सुनाई देने लगा। अगले ही पल मैं चिढ़ गया और सबसे पहले मेरे दिमाग में जो बात आई वो यह थी कि *कैसे लोग हैं, इतनी शांति और अच्छे माहौल को खराब कर कर रहे हैं।* लेकिन फिर मुझे आभास हुआ कि यह जरूरी तो नहीं कि जिस तरह कुदरत का मजा मैं लेता हूँ उसी तरह सभी लोग लें। उन्होंने इस माहौल में अपने दोस्तों के साथ पार्टी करना चुना, यह उनकी पसंद है, जो कि मैंने काफी समय से नहीं किया। जब मुझे अपने दोस्तों के साथ बिताया समय याद आया तो मेरा गुस्सा खुद-ब-खुद शांत हो गया। यह एक छोटा सा उदाहरण है कि आप सचेत रूप से कैसे खुद को किसी को जज करने से रोक सकते हैं।

और इस तरह आप एक अच्छी आदत बनाते चले जाएँगे।

ऐसा नहीं है कि आपसे कोई गलती नहीं होगी। कुछ पल ऐसे होंगे, जब आप बिना सोचे-समझे किसी के लिए कोई राय बना लेंगे लेकिन आपको बस उसे पहचानना है और उसे ठीक कर लेना है। तो जब भी आप किसी इंसान को या किसी चीज को जज करें तो कुछ पल के लिए रुकें और अपने आप से पूछें: *मैं इससे क्या सीख सकता हूँ? क्या दुनिया को देखने के लिए यहाँ कोई नया दृष्टिकोण है? क्या मैं यहाँ से कुछ नया सीख सकता हूँ?*

हमेशा सिर्फ सही-गलत या अच्छे-बुरे के खाँचे में रखकर चीजों को जज नहीं करना है। जो आज अच्छा है, वह कल बुरा हो सकता है। यह प्रवाहमयी है, कोई पूर्ण सत्य नहीं।

अंत में, मैं सिर्फ यह कहना चाहूँगा कि अगर आपने गौर किया हो तो आप देख पाएँगे कि पूरे अध्याय में मैंने जज करने को सही या गलत नहीं कहा। बल्कि मैंने आप सबको सिर्फ एक नया नजरिया देने की कोशिश की है।

अभ्यास

जब अगली बार आप किसी ऐसे व्यक्ति से मिलें जिसकी सोच आपसे अलग है, तो अपने विचारों पर ध्यान दें। क्या आप उन्हें सही या गलत मान रहे हैं?

यदि हाँ, तो सहनशील होने का अभ्यास करें।

उसी चीज को एक अलग दृष्टिकोण से देखने का प्रयास करें और लिखें कि आप किन दो कारणों से उनके दृष्टिकोण को स्वीकार कर सकते हैं।

अब, बेशक आपका दृष्टिकोण अलग है पर उनके दृष्टिकोण को स्वीकार करने पर आप क्या दो चीजें सीख सकते हैं, यह लिखें।

अपनी दिनचर्या में इसका अभ्यास करें, ऐसा करने से जल्द ही आपको अहसास होगा कि लोगों को सही/ गलत/ अच्छे/बुरे के ढाँचे में रखना फिजूल है। जितना अधिक आप सीखने के लिए आतुर रहेंगे, उतना ही आपका दृष्टिकोण विस्तृत होगा।

वन हैबिट ए डे

अशदीन डॉक्टर The Habit Coach™ के नाम से जाने जाते हैं। उनका मानना है कि एक अच्छा जीवन अच्छी आदतों से ही बनता है।

वह The Habit Coach™ पॉडकास्ट के होस्ट हैं, जो IVM पर रोज प्रसारित होता है। इस शो के एक हजार से ज्यादा एपिसोड हैं, और यह भारत के सबसे लोकप्रिय सेल्फ-डवलपमेंट पॉडकास्ट में से एक है। यह शो लोगों को उनकी रोजमर्रा की आदतों के जरिए खुद को बेहतर बनाने में मदद करता है।

अशदीन दुनियाभर के लोगों के साथ काम करते हैं और उन्हें बेहतर आदतें अपनाने में मदद करते हैं। वह अपने विचार मुख्य भाषणों, वर्कशॉप और ग्रुप कोचिंग सेशन के जरिए साझा करते हैं।

इसके अलावा, वह ऑरमैक्स कंसल्टेंट्स प्राइवेट लिमिटेड, ऑरमैक्स मीडिया प्राइवेट लिमिटेड, और ऑरमैक्स इवॉल्व प्राइवेट लिमिटेड के डायरेक्टर भी हैं।

अशदीन समाजसेवा से भी जुड़े हुए हैं। वह लाइट ऑफ लाइफ ट्रस्ट नाम के एक एनजीओ के ट्रस्टी हैं, जो वंचित बच्चों की मदद करता है। वह इस किताब की कमाई का एक हिस्सा इस एनजीओ को दान करेंगे ताकि शिक्षा को बढ़ावा मिल सके।

मुस्कान अनुवादक के साथ-साथ हिंदी की लेखिका और क्रिएटिव कॉन्टेंट लीड भी हैं। उन्होंने दिल्ली विश्वविद्यालय से हिंदी साहित्य में स्नातकोत्तर के साथ अनुवाद में विशेष अध्ययन किया है। प्रतिलिपि कॉमिक्स में उन्होंने एक कॉमिक राइटर के रूप में शुरुआत की और आज प्रतिलिपि लिटरेचर में बतौर कॉन्टेंट लीड, विभिन्न भाषाओं की कहानियों को निखारने का कार्य कर रही हैं। उनके लिए लेखन एक कार्य नहीं है बल्कि जुनून है, खुद को महसूस करने का और दूसरों से जुड़ने का।

लोकप्रिय आईवीएम पॉडकास्ट, THE HABIT COACH™ पर आधारित

अशदीन डॉक्टर

वन हैबिट ए डे

जिंदगी बदलने की 31 आदतें

अनुवाद: मुस्कान

ekadā

ekadā

First published in English as *One Habit a Day* in 2023 by Westland Books, a division of Nasadiya Technologies Private Limited

Published in Hindi as *One Habit a Day* in 2025 by Ekadā, an imprint of Westland Books, a division of Nasadiya Technologies Private Limited

No. 269/2B, First Floor, 'Irai Arul', Vimalraj Street, Nethaji Nagar, Alapakkam Main Road, Maduravoyal, Chennai 600095

ISBN: 9789360451479

10 9 8 7 6 5 4 3 2 1

Typeset by Digiultrabooks Pvt. Ltd
Printed at Thomson Press (India) Ltd

खुशियों की आदत

क्या आप जानते हैं कि 'खुशी' शब्द नॉर्स के 'हैप' शब्द से आया है, जिसका मतलब है भाग्य या मौका? इसी तरह, फ्रांसीसी में 'खुशी' के लिए 'Bonheur' शब्द का इस्तेमाल होता है जो कि 'heur' शब्द से आया है। इसका मतलब भी भाग्य या मौका ही है। जर्मन शब्द 'Glück' का भी यही अर्थ है—भाग्य और खुशियाँ आपस में जुड़ी हुई हैं। अब तक शायद आप सोच रहे होंगे कि अगर यह सच है कि खुशी स्थिर नहीं रहती बल्कि मौका या किस्मत से आती है—या इत्तेफाक से (देखिए मैंने वहाँ क्या किया?))।

तो, क्या इसका मतलब यह है कि खुशी हमारे हाथ में नहीं है? क्या हम तभी खुश रह सकते हैं जब हम भाग्यशाली हों? क्या इन दोनों का एक दूसरे के बिना कोई अस्तित्व है—खुशी के बिना भाग्य या भाग्य के बिना खुशी? या हम केवल तभी भाग्यशाली माने जाएँगे जब हम खुश हों? क्या जीवन इतनी अनिश्चितताओं से भरा है कि खुश रहने के लिए हमें भाग्य का साथ चाहिए?

मुझे यकीन है कि ऐसा सदियों पहले हुआ करता था, जब गाँव युद्ध और अकाल से तबाह हो जाते थे। उस वक्त शायद लोगों को तभी खुशियाँ मिलती थीं जब भाग्य उनका साथ देता था। पर हम भाग्यशाली हैं कि आधुनिक समय में हमारे सामने बहुत कम कठिनाइयाँ और चुनौतियाँ हैं।

हालाँकि, मैं नहीं मानता कि भाग्य का खुशी से कुछ ज्यादा लेना-देना है। खुशी एक ऐसी चीज है जिसके लिए हम सभी को काम करना चाहिए। यह कुछ ऐसा है जिसे हमें एक लक्ष्य और एक मिशन के रूप में रखना चाहिए।

मेरे विचार से 'खुशी' हमारी एक मौलिक आदत होनी चाहिए। कल्पना कीजिए कि हम खुशी को एक आदत बनाने पर ध्यान केंद्रित कर रहे हैं, जिसमें हम सचेत रूप से इसे बढ़ाने के लिए समय और ऊर्जा समर्पित करते हैं!

पहले उल्लिखित परिभाषाएँ यह बताती हैं कि खुशी कोई स्वाभाविक अवस्था नहीं है। कोई भी हर समय खुश नहीं रहता है और हम जिस किसी से भी मिलते हैं, उनमें यह देख सकते हैं। हमारी डिफॉल्ट सेटिंग नकारात्मकता, बेपरवाही, उदासी या भय की है। बिना किसी कारण के किसी को खुश देखना अजीब लगता है।

अगर इसी बात को उदाहरण के साथ कहूँ तो कभी ध्यान दीजिएगा जब आप अपने कार्यालय में मुस्कुराते हुए घूम रहे होंगे। मैं शर्त लगाता हूँ कि लोग आपको रोकेंगे और पूछेंगे कि आप किस बात से इतने खुश हैं। ऐसा इसलिए है क्योंकि यह एक दुर्लभ चीज है! कल्पना करें अगर खुशी हमारी डिफॉल्ट सैटिंग होती और उदासी, तनाव या नकारात्मकता को दुर्लभ और अजीब माना जाता, तो कैसा होता?

अब सोच कर देखिए कि अगर आप लगातार खुशी की अवस्था में रहेंगे तो आपका जीवन कैसा होगा। शांति, आनंद, कृतज्ञता और सकारात्मकता के साथ जीना कैसा होगा। मैं चाहता हूँ कि आप यह विश्वास करें कि ऐसा संभव है।

खुशी का अभ्यास करने में असल दिक्कत यह है कि नकारात्मक विचारों और विश्वासों पर हमारा कोई नियंत्रण नहीं है। सोच कर देखिए कि दिनभर में कितने ऐसे विचार हमारे दिमाग़ में आते हैं।

जैसे ही हमारे साथ कुछ अच्छा होता है हम तुरंत उन चीजों की चिंता करने लगते हैं जो गलत हो सकती हैं। हमें लगने लगता है कि कोई हमारी अच्छी किस्मत छीन लेगा। हम चिंता करते हैं कि चीजें खराब हो जाएँगी!

अक्सर, हम केवल इसलिए उदास होते हैं क्योंकि हमारे पास वह नहीं है जो किसी और के पास है। हम लगातार अपनी तुलना दूसरों से करते रहते हैं।

अजीब बात यह है कि हम सभी के पास एक डिफॉल्ट उदासी की स्क्रिप्ट होती है, जिसे हम अपने दिमाग में बार-बार चलाते रहते हैं। यह अकेलापन, हीन भावना, अन्याय, प्यार की कमी या कुछ और ठोस चीजों के बारे में हो सकती है, जैसे वजन या पैसे।

आपके हैबिट कोच के रूप में, मैं आपको बताना चाहता हूँ कि हमारे लिए यह जानना बहुत जरूरी है कि हमारी डिफॉल्ट स्क्रिप्ट क्या है। जब हम यह जान जाएँगे कि खुशी से दूर रखने वाले विचार कौन से हैं तभी हम उस पर कुछ काम कर सकते हैं।

नकारात्मक या उदास विचारों के प्रति जागरूकता ही खुशी की आदत को विकसित करने की ओर पहला कदम है।

इसके बाद हम यह प्रयास कर सकते हैं कि हम अपने पास सकारात्मक विचारों की सूची तैयार रखें, और जब भी हम नकारात्मक विचारों से घिर जाएँ तब उनका प्रयोग करके खुद को नकारात्मक विचारों से दूर करें। हर सुबह उठें और सभी अधूरे कार्यों के बारे में चिंता करने से पहले, अपने आप को एक मिनट दें और कहें, 'मुझे विश्वास है कि आज का दिन शानदार होगा।' इससे कोई फर्क नहीं पड़ता कि आप इसे अभी महसूस करते हैं या नहीं, यह समय के साथ ठीक होता चला जाएगा। यदि आप विश्वास करते हैं कि खुशी एक आदत है तो आपको इसका निष्ठापूर्वक अभ्यास करना चाहिए।

आप इस वाक्य को अपनी डिफॉल्ट नकारात्मक स्क्रिप्ट के अनुसार बदल सकते हैं। याद रखें, हम यही काउंटर करने की कोशिश कर रहे हैं। यदि आप खुद को अपर्याप्त महसूस करते हैं, तो अपने आप से कहें, 'मुझे पता है कि मैं पर्याप्त हूँ।' यदि आपको लगता है कि किसी के पास कुछ ऐसा है जो आप चाहते हैं, तो अपने आप से कहें, 'मैं उनके लिए खुश हूँ और मुझे विश्वास है कि मैं भी उसे प्राप्त कर सकता हूँ।'

उदास, आत्म-दया, नकारात्मक स्थितियों का सामना सकारात्मक विचारों से कर, आप उन्हें बदल दें। अगर आप लड़खड़ाते हैं तो याद रखें, किसी चीज के लिए आभारी होना एक सुपरपावर है जो आपके विचारों को सकारात्मकता की ओर मोड़ने में मदद करेगा।

क्या यह आपकी सभी समस्याओं को हल करेगा? बिल्कुल नहीं। यदि आप क्लिनिकल डिप्रेशन से पीड़ित हैं, तो क्या खुशी का अभ्यास आपको अचानक खुश कर देगा? नहीं, यह नहीं होगा। लेकिन यह खुशी और सकारात्मक विचारों की नींव रखेगा। यह आपके जीवन से कुछ नकारात्मक विचारों को पकड़कर हटा देगा। यह आपको अपनी भावनाओं पर बेहतर पकड़ बनाने में सहायता करेगा, और यदि यह अभ्यास लंबे समय तक किया जाए, तो यह एक अवचेतन आदत बन जाएगा। आपके दिन की शुरुआत और अनुभव बेहतर होंगे। आपकी चाल में उत्साह और आँखों में चमक होगी!

तो, खुशी को रोजमर्रा की आदत बनाने के दो सरल तरीके हैं: अपने नकारात्मक या उदास विचारों को पकड़ें और उन्हें सकारात्मक विचारों से बदल डालें। आपको शुरू में खुद को मजबूर करना पड़ सकता है लेकिन इसे तब तक करते रहें जब तक यह आपका डिफॉल्ट मोड न बन जाए। खुद से कहते रहें, 'जीवन अद्भुत है', 'आज का दिन शानदार होगा', 'मैं इसे करने जा रहा हूँ', 'हम बहुत मज़ा करने वाले हैं', 'मैं इस परीक्षा को पास कर लूँगा।'

शुरुआत में यह मूर्खतापूर्ण लग सकता है। आपके नकारात्मक विचार कभी-कभी आपके मन पर हावी हो सकते हैं। आप सोचेंगे कि आप यह क्यों कर रहे हैं। सकारात्मक विचारों के बारे में सोचना बहुत कठिन भी हो सकता है। लेकिन मैं चाहता हूँ कि आप बस अभ्यास करें और इस प्रक्रिया से गुजरें।

अंततः सबसे अच्छी किस्मत वह होती है जिसे आप खुद बनाते हैं। और, यदि खुशी और किस्मत आपस में जुड़े हुए हैं, तो हमें खुशी को भी खुद बनाने की कोशिश करनी चाहिए!

अभ्यास

अपने तीन ऐसे नकारात्मक या उदासीन विचार लिखिए, जो दिन में अक्सर आपके दिमाग में आते रहते हैं।

अब उन तीन विचारों को लिखिए जिनका उपयोग आप अपने नकारात्मक विचारों को बदलने के लिए कर सकते हैं।

हर बार जब आप खुद को अपने पुराने नकारात्मक सोच के पैटर्न में घिरा हुआ पाएँ, तो रुकें और उसे सकारात्मक विचार से बदलें।

हर नई चीज की तरह, इसे करने में भी शुरुआत में असहज महसूस हो सकता है। लेकिन जितना अधिक आप अभ्यास करेंगे, समय पर अपने नकारात्मक विचारों को पकड़ना और उन्हें सकारात्मक विचारों से बदलना उतना ही आसान होगा। एक सकारात्मक विचार के बीज को बोना आपकी दूसरी प्रवृत्ति बन जाएगी। और जल्दी ही, आपको किस्मत पर निर्भर रहने की आवश्यकता नहीं होगी!

दिमाग को मजबूत करें

लंबे समय तक चलने वाले युद्ध उन देशों के लिए बड़ी मुश्किलें खड़ी करते हैं जो उनमें शामिल होते हैं। युद्ध के दौरान राशनिंग और खाद्य स्टैम्प्स रोजमर्रा की जिंदगी का बड़ा हिस्सा बन जाते हैं। दूसरा विश्व युद्ध भी इससे अलग नहीं था। उस समय, अमेरिकी सरकार के लिए सभी लोगों को खिलाने के लिए पर्याप्त भोजन का उत्पादन करना मुश्किल हो गया था। बहुत सारा भोजन सैनिकों के लिए अग्रिम मोर्चों पर भेजा जाता था, और जो बचता था उसे लोगों में बाँटा जाता था।

इस खाद्य कमी को पूरा करने के लिए, सरकार ने विक्ट्री गार्डन की अवधारणा को बढ़ावा दिया। नागरिकों को फल, सब्जियाँ और जड़ी-बूटियाँ उगाने के लिए प्रोत्साहित किया गया ताकि वे उन्हें दिए गए खाद्य स्टैम्प्स के पूरक के रूप में उपयोग कर सकें। यह विचार लोगों के बीच लोकप्रिय हो गया। लोगों ने अपने घर के पीछे की खाली जमीन, सार्वजनिक उद्यान, इमारतों की छतें, और जो भी जमीन का टुकड़ा उन्हें मिला, वहाँ खेती की। उस समय का एक सबसे प्रसिद्ध प्रोपगैंडा विज्ञापन था 'डिगिंग फॉर विक्ट्री'।

मैंने पहली बार विक्ट्री गार्डन के बारे में तब सुना जब मैं एक प्रोजेक्ट के लिए दूसरे विश्व युद्ध पर शोध कर रहा था। मुझे यह विचार बहुत अच्छा लगा। प्रत्येक व्यक्ति, अपने भोजन की जिम्मेदारी खुद उठाकर, अपने देश को युद्ध लड़ने में मदद कर रहा था। विक्ट्री गार्डन लगाना उन्हें एक उद्देश्य देता था। इससे उन्हें लगता था कि वे युद्ध के मैदान में सैनिकों की मदद कर रहे हैं और अपने देश को विजयी बनाने में योगदान दे रहे हैं।

इससे मुझे एक बात समझ आयी। जो लोग अपने बगीचों की देखभाल करते थे, वे बेहतर तरीके से भोजन पा सकते थे और कठिन समय में भी उनकी जिंदगी आसान हो सकती थी। जो लोग अपने बगीचों की देखभाल नहीं करते थे, उनके पास कम भोजन होता था और परिणामस्वरूप, वे अधिक कष्ट झेलते थे।

यह हमारे दिमाग पर भी उतना ही लागू होता है, जो कि एक बगीचे की तरह है। हम इसके विकास और हमें मिलने वाले फलों के लिए खुद जिम्मेदार हैं। बागवानी के लगभग सभी पहलुओं को हम अपने दिमाग की देखभाल से जोड़ सकते हैं।

अगर एक बगीचे की देखभाल नहीं की जाए, तो अक्सर उसमें खरपतवार उग आते हैं। हमारे मानसिक बगीचे के संदर्भ में, नकारात्मक विचार वही खरपतवार हैं। वे उस पोषण को चुरा लेते हैं जिसकी आवश्यकता सकारात्मक विचारों को बढ़ाने के लिए होती है। जिस प्रकार खरपतवार उन पौधों से कहीं अधिक तेजी से बढ़ते हैं जिन्हें हम उगाना चाहते हैं, वैसे ही हमारे नकारात्मक विचार भी, अगर हम उन्हें अनियंत्रित छोड़ दें तो तेजी से बढ़ते हैं।

जैसा कि एक अनुभवी माली जानता है, खरपतवारों को नियमित रूप से हटाना पड़ता है। उसी तरह यह हमारे मानसिक बगीचे को विकसित करने की दिशा में पहला कदम हो सकता है। 'खरपतवार', यानी नकारात्मक विचारों को हटाएँ, जो हमारे दिमाग में जगह लेते हैं और उस पोषण को भी सोख लेते हैं जो अच्छे पौधों या सकारात्मक विचारों को बढ़ाने के लिए जरूरी होता है।

अब जब आपने खरपतवारों को हटा दिया है, अगला कदम यह तय करना है कि किस तरह के बीज बोने हैं। बीजों की तुलना हम अपने विचारों या इरादों से कर सकते हैं। इन्हें बोने से पहले चुना जाना चाहिए। हम संतरे के बीज बोकर पाँच साल बाद सेब की उम्मीद नहीं कर सकते। हमें वही बीज बोने होंगे जो हमें वही फल देंगे जो हम चाहते हैं। तो, आप सही और सर्वोत्तम गुणवत्ता वाले बीज कैसे ढूँढ़ेंगे? अपने मानसिक बगीचे के लिए विभिन्न प्रकार के 'बीजों' को प्राप्त करने का सबसे अच्छा तरीका है पढ़ना, प्रेरणादायक लोगों को सुनना और नए विचारों और अवधारणाओं की खोज करना।

आपके हैबिट कोच के रूप में, मैं इस किताब के प्रत्येक अध्याय को, साथ ही प्रत्येक पॉडकास्ट, लेख, वीडियो और पोस्ट को उच्च गुणवत्ता वाले बीजों के रूप में मानता हूँ, जिन्हें आप अपने मन में रोप सकते हैं। मैं इस काम को बहुत गंभीरता से लेता हूँ। हो सकता है कि आपके मानसिक बगीचे में कुछ समय तक फल-फूल न लगें, लेकिन जब तक आप सही बीज चुन रहे हैं, आपके पास एक सुंदर और पोषक बगीचा हो सकता है।

अब जब आपने सही बीज लगा दिए हैं, तो यह महत्वपूर्ण है कि उन्हें फलने-फूलने के लिए उचित देखभाल मिले। हमारे रोजमर्रा के विचार—वे विचार जो पूरे दिन हमारे मन में तैरते रहते हैं, हमारे मानसिक बगीचे को सींचने का काम करते हैं। क्या आप सचेत रूप से अपने बीजों को पोषण देने वाले विचारों से सींच रहे हैं? या आप उन्हें बहुत अधिक विचारों और सनक से सींच रहे हैं? या फिर आप बीज बोकर उन्हें पानी देना भूल जाते हैं, जैसे हमारे घर का वह पौधा जिसे हम तब तक उपेक्षित रखते हैं जब तक वह मुरझा नहीं जाता।

दिनचर्या की योजना बनाना और आत्मनिरीक्षण करना आपके बीजों को सही मात्रा में सींचने के बेहतरीन तरीके हैं। आप यह सुनिश्चित करें कि उनके बढ़ने के लिए पर्याप्त ध्यान दिया जाए—न ज्यादा, न कम। सही विचार बगीचे को पोषण दे सकते हैं। दूसरी ओर, सनक से भरे विचार इसे नष्ट कर देंगे!

यदि हम चाहते हैं कि हमारा मानसिक बगीचा फले-फूले, तो हमें इसे सही उर्वरक देना होगा। यह वह ज्ञान है जो हमें जीवन के बारे में नई चीजें पढ़ने और सीखने से मिलता है। लगातार सीखने की अवस्था में रहना तेजी से बढ़ने का एक शानदार तरीका है। यह आपके मानसिक बगीचे को सही पोषक तत्व प्रदान करता है। समृद्ध, अच्छी गुणवत्ता वाले उर्वरक डालना आपके सपनों के बगीचे की खेती के लिए आवश्यक है।

अब जब हमारा मानसिक बगीचा पूरी तरह से खिल गया है, तो कीटों का क्या करें? क्योंकि किसी भी जैविक बगीचे की तरह, इसमें भी कीट होंगे—कीड़े, मकौड़े और जानवर, जो हमारे सुंदर उत्पाद को नष्ट कर देंगे और खा जाएँगे। हम सभी ऐसे लोगों को जानते हैं जो हमारा सिर खा जाते हैं। वे हमसे लेते हैं पर लौटाते नहीं। वे हमारे सपनों को चबा जाते हैं। वे उन चीजों में हस्तक्षेप और गड़बड़ करते हैं जिन पर हम कड़ी मेहनत कर रहे हैं। वे हमारे मानसिक बगीचे के कीट हैं।

यदि हम उनसे निपटने के लिए कीटनाशकों का उपयोग करते हैं, या क्रोध या बदले की नकारात्मक भावनाओं का उपयोग करते हैं, तो वे जा सकते हैं, लेकिन यह हमें भी विषाक्त बना देगा। इसके बजाय, हमें वह करना होगा जो जैविक किसान करते हैं—ऐसे पौधे उगाएँ जो उन्हें दूर भगा सकते हैं। ये वे विचार हैं, जिन्हें कीट अरुचिकर पाते हैं और वापस नहीं आते। यह उस व्यक्ति के लिए सहानुभूति दिखाना हो सकता

है जिसके बारे में वे आपसे गपशप करना चाहते हैं या फिर बस सीमाएँ तय करना हो सकता है जिनके बारे में वे जानते हैं की इन्हें पार नहीं करना है।

वह बगीचा जिसे आप इतनी मेहनत से बनाने की कोशिश कर रहे हैं, सुनिश्चित करें कि आपके बगीचे में कीट न आएँ। फिर चाहे रास्ता जो भी हो।

आपके मानसिक बगीचे के लिए आखिरी चीज धैर्य है। जैसा कि कोई भी माली आपको बता सकता है कि पेड़ रातोरात नहीं बढ़ते। पौधे केवल तभी फूलेंगे जब मौसम सही होगा। फल तभी दिखाई देंगे जब समय सही होगा। जल्दी तोड़ लेने पर वे बेकार होंगे और बहुत देर से तोड़ने पर भी वे सड़ चुके होंगे। आपके मानसिक बगीचे को बढ़ाने की कुंजी धैर्य ही है।

बागवानी की प्रक्रिया से प्यार करें। अपने मानसिक बगीचे की प्रेमपूर्वक देखभाल करें तभी यह बढ़ेगा और खिलेगा।

तो, अपने मन को वैसा बनाने की सरल आदत यह है कि इसकी देखभाल शुरू करें। अपने मन को एक सुंदर बगीचे की तरह मानें जिसे आप उगा रहे हैं। बिना देखभाल के यह बेकार और अनाकर्षक हो जाएगा। इसे खरपतवार मुक्त करें, बीज बोएँ, पानी दें, उर्वरक डालें, कीटों से छुटकारा पाएँ और फिर प्रतीक्षा करें। धैर्य रखें।

दूसरे विश्व युद्ध के विक्ट्री गार्डन की तरह ही, हमारे मानसिक बगीचे हमारे जीवन में जीत की कुंजी हैं।

अभ्यास

एक शांत जगह ढूँढ़ें और आराम से बैठें। कुछ मिनटों के लिए अपने मोबाइल फोन या अपने किसी अन्य डिस्ट्रेक्शन से दूर रहें।

अपने मन के बगीचे की कल्पना करें।

अब, सबसे पहले आपको खरपतवारों (नकारात्मक विचारों) को निकालने की आवश्यकता है। दिन के अलग-अलग समय पर अपने विचारों का निरीक्षण करें। इन नकारात्मक विचारों में से तीन को लिखें और अपनी कल्पना में उन्हें अपने बगीचे से निकालते हुए और दूर फेंकते हुए देखें। ये अब आपके बगीचे में नहीं रहने चाहिए।

अब बीज बोने का समय है। भविष्य में आप कौन-कौन से फल देखना चाहेंगे, इस पर विचार करें? ये आपके लक्ष्य, इरादे, शौक और विचार कुछ भी हो सकते हैं। ध्यान से सोचें और उन दो चीजों को लिखें जो आपको सबसे ज्यादा पसंद हैं।

इन बीजों को सही मात्रा में पानी चाहिए। इसलिए, आपको अपने लक्ष्य पर रोजाना काम करना होगा। इस पर ध्यान केंद्रित करें। नियमित रूप से काम करें। अपनी आदतों और निरंतरता का ट्रैक रखें।

सीखने और पढ़ने के लिए कम से कम 30 मिनट आवंटित करें। यह आपके मन की खाद है। उन पुस्तकों और संसाधनों को लिखें, जिनसे आप सीखना चाहते हैं।

अपने बगीचे की रक्षा करें। उन लोगों से सावधान रहें जो कीटों की तरह हैं और आपके लक्ष्यों को हतोत्साहित करते हैं। अपने लक्ष्यों की रक्षा करें। लिखें कि आप अपने बगीचे की कैसे और किससे रक्षा करेंगे।

अंत में, धैर्य रखें और काम करते रहें। जब सही मौसम आएगा, तो पेड़ फूलेंगे और फिर फल देंगे।

गुस्सा है बेकार

क्या आप जानते हैं, ऐसा कोई हार्मोन नहीं होता जिसके कारण हमें गुस्सा आता है? यह गुस्से को एक जटिल भाव बनाता है। जब हम गुस्से के बारे में सोचते हैं, तो हम उन लोगों की कल्पना करते हैं जो क्रोधित हो रहे हैं। वह लोग जो चीजें फेंक रहे हैं। ऊँची आवाज में चिल्ला रहे हैं। शांत नहीं हो पा रहे हैं। खुद को और अपने आसपास सबको नुकसान पहुँचा रहे हैं।

एक शब्द में अगर कहा जाए, गुस्सा, यदि नियंत्रित न किया जाए, तो विनाशकारी होता है। यह अंदर ही अंदर जलाता है और नष्ट करता है। मुझे हर हफ्ते गुस्से पर पॉडकास्ट बनाने के अनुरोध मिलते हैं। मुझे अहसास हुआ कि यह एक बहुत ही सामान्य समस्या है। आखिरकार, गुस्सा भावनाओं का विस्फोट है। हम ऐसे विश्व में रहते हैं जहाँ भावनाओं पर शायद ही कोई जोर दिया जाता है। हमें यह सिखाया ही नहीं जाता कि अपनी भावनाओं को कैसे समझें। विभिन्न भावनाओं से निपटने के बारे में जागरूकता की अनुपस्थिति में, गुस्सा एक स्वाभाविक प्रतिक्रिया बन जाता है।

इसके बारे में सोचिए। आखिरी बार आप कब गुस्से में थे? आपके मन में क्या चल रहा था? आप किस बारे में सोच रहे थे? क्या किसी ने आपके साथ कुछ किया था? क्या आपने कुछ किया था?

मूल स्तर पर, किसी उत्तेजना पर गुस्सा हमारी प्रतिक्रिया है—कुछ ऐसा जो बाहर, हमारे वातावरण में हुआ; कुछ ऐसा जो हमारी अपेक्षाओं को पूरा नहीं करता। याद रखने वाली मुख्य बात यह है कि कोई एक परिस्थिति हमें गुस्सा दिला सकती है पर हर कोई उस परिस्थिति में गुस्से से प्रतिक्रिया नहीं देगा।। स्पष्ट रूप से, केवल परिस्थिति ही दोषी नहीं है।

अधिकांश गुस्सैल लोग दो श्रेणियों में आते हैं: वे, जो अपने गुस्से पर कोई नियंत्रण नहीं रखते और इसे अपने ऊपर हावी होने देते हैं, और दूसरे वे जो अपने गुस्से में फट पड़ते हैं।

फिर ऐसे लोग हैं जिन्होंने समय के साथ अपनी भावनाओं को इतना दबा दिया है कि उन्होंने सभी भावनात्मक प्रतिक्रियाओं को खत्म कर दिया है। ये सभी श्रेणियाँ अस्वस्थ हैं! क्या आप इनमें से किसी में आते हैं?

आइए उन लोगों के बारे में बात करते हैं जिन्हें अपने गुस्से पर कोई नियंत्रण नहीं है।

सही उपकरणों के बिना, गुस्से को नियंत्रित करने का कोई तरीका नहीं है। पहला चरण यह पहचानना है कि आप गुस्से को अपनी बागडोर संभालने दे रहे हैं और इसे अपने व्यवहार पर नियंत्रण करने दे रहे हैं। जब आप शांत हो जाते हैं केवल तब आप अपने गुस्से को चालक की सीट से बाहर निकाल सकते हैं और आत्मनिरीक्षण का एक क्षण पा सकते हैं। मैं इस चरण को पोस्टमॉर्टम कहता हूँ क्योंकि यह तब होता है जब गुस्सा आपको नष्ट कर चुका होता है।

तो मैं चाहता हूँ कि जब आप शांत हो जाएँ तो विश्लेषण करें कि क्या हुआ। क्या था जिसने आपको इतना गुस्सा दिला दिया? आप अपना सारा नियंत्रण कैसे खो बैठे? ऐसा क्या था जिसने आपको इतना भड़काया? आपने क्या किया? आप कौन सा अलग तरीका अपना सकते थे?

फिर, आप उस वास्तविक भावना को पहचानें जिसने आपके विस्फोट को जन्म दिया। यह डर, इच्छा, ईर्ष्या, निराशा, आश्चर्य या हीनता की भावना हो सकती है। सूची लंबी है और क्योंकि वर्तमान में हमारे पास यह बताने के लिए शब्दावली नहीं है कि हम क्या महसूस कर रहे हैं, हम इसे गुस्से का लेबल दे देते हैं।

सबसे अच्छी चीजों में से एक जो आप कर सकते हैं वह है, भावनाओं की एक सूची प्रिंट करना। इसे *emotions chart* कहा जाता है और यह आसानी से ऑनलाइन मिल जाता है। जब आप विभिन्न भावनाओं को नाम दे पाएँगे, तो आप उन्हें पहचान सकते हैं और बता सकते हैं कि आप वास्तव में कैसा महसूस कर रहे हैं। यह चरण महत्वपूर्ण है और आपको गुस्से से निपटने में मदद करेगा।

अब, आइए पहले चरण पर आते हैं जब आप अपने भीतर गुस्से का उबाल महसूस करते हैं। मैं चाहता हूँ कि आप पाँच गहरी साँसें लें। हाँ, बस यही। कुछ भी जटिल और भव्य नहीं है, बस गहरी साँसें लें।

अगला, साँस लेते समय मैं चाहता हूँ कि आप उस भावना का नाम बताने पर ध्यान केंद्रित करें जिसे आप महसूस कर रहे हैं। क्या आप आहत हैं या धोखा खाए हुए हैं? या हो सकता है कि आप भूखे हों? क्या आप नहीं जानते कि लोग भूखे होने पर भी गुस्सा होते हैं? आप महसूस करेंगे कि जैसे ही आप इसके पीछे की वास्तविक भावना का नाम लेते हैं, गुस्सा गायब हो जाता है। ऐसा इसलिए है क्योंकि अब मन के पास स्थिति को समझने और उससे निपटने के लिए सही शब्दावली है।

अंतिम चरण के लिए, मैं चाहता हूँ कि आप अपने पोस्टमॉर्टम से प्राप्त सीख का उपयोग करें। आप गुस्सा दिलाने वाली परिस्थिति से अलग तरीके से कैसे निपट सकते हैं, इस पर ध्यान दें? क्या गुस्सा कोई भला करेगा या यह केवल आपकी हताशा को बाहर निकालेगा? क्या यह आपको प्रभावी ढंग से संवाद करने में मदद करेगा? क्या आपको लड़ना चाहिए या छोड़ देना चाहिए?

हर व्यक्ति के गुस्से का कारण अलग होता है और इसे व्यक्त करने का तरीका भी अलग होता है। जब गुस्से को नियंत्रित करने की बात आती है, तो कोई एक तरीका सबके लिए उपयुक्त नहीं है। जो मैंने आपको दिया है, वह एक टेम्पलेट है। मैंने इसे हैबिट कोचिंग के दौरान अपने क्लाइंट्स पर इस्तेमाल किया है ताकि उनके गुस्से की समस्या को सुलझाने में सहायता मिल सके। इससे उनके रिश्तों में बहुत मदद मिली है।

मेरे कुछ सीईओ क्लाइंट्स बोर्डरूम में अपना आपा खो बैठते थे, चीजें इधर-उधर फेंकते थे और अपने कर्मचारियों पर चिल्लाते थे। इन तकनीकों का उपयोग करने के बाद, वे इस व्यवहार को नियंत्रित करने में सक्षम हो गए। आपके हैबिट कोच के रूप में, मैं चाहता हूँ कि आप समझें कि गुस्सा बेकार है यदि इसे सही तरीके से चैनलाइज न किया जाए। यह विनाशकारी होता है।

हालाँकि, यदि आपको गुस्से की जड़ और इसके पीछे वास्तव में कौन-सी भावनाएँ हैं, इसकी जानकारी है, तो यह आपको स्वयं को बेहतर समझने में मदद कर सकता है।

मैंने जिन चरणों का उल्लेख किया है, उनका पालन करें और खुद को फिर से चालक की सीट पर रखें। गुस्से को हावी न होने दें।

अभ्यास

इस अभ्यास के लिए, एक प्रारंभिक चरण 0 है और फिर चरण एक से तीन तक हैं।

इस अभ्यास का प्रारंभिक चरण यह है कि इंटरनेट पर एक 'emotions chart' खोजें और उसका प्रिंटआउट लें।

जब भी आपको गुस्सा आए, तो उसे शांति से गुजरने दें। गुस्सा शांत होने दें। जब आपका गुस्सा शांत हो जाए, तो सोचें और लिखें कि कौन-सी भावना ने इस गुस्से को जन्म दिया।

यदि आपको इसे फिर से करना हो, तो आप क्या अलग तरीके से करेंगे? इस पर कुछ मिनट के लिए विचार करें।

अब जब आपने प्रारंभिक चरण कर लिया है, तो पहले चरण पर जाएँ। जब भी आपको गुस्सा आने लगे, गहरी साँसें लें—छोटी साँस अंदर लें और लंबी साँस बाहर छोड़ें। यह आपको शांत करेगा और आपके गुस्से को रोक देगा।

दूसरे चरण के रूप में, उस भावना को पहचानें जो आप महसूस कर रहे हैं। इसे नीचे लिखें।

कौन-सी भावना आपको क्रोधित कर रही है? यदि एक से अधिक हैं, तो सभी लिखें।

तीसरे चरण में, आप उन सभी चरणों से प्राप्त ज्ञान का उपयोग करेंगे जो आपने अब तक किए हैं। तय करें कि सबसे अच्छा कदम क्या है और क्यों।

आप अपने विचारों को दृढ़ता से व्यक्त कर सकते हैं। आप अपने विश्वास के लिए लड़ने का निर्णय ले सकते हैं या यदि आप अपने आप को उस माहौल और स्थिति से बाहर निकालना चाहते हैं, तो आप वहाँ से जा सकते हैं।

जो भी आप करेंगे, आप जानेंगे कि यह आपका ठंडे दिमाग से लिया गया निर्णय है, न कि गुस्से में किया गया।

इस टेम्पलेट का उपयोग करें और अपने जीवन को संभालें!

एक नई शुरुआत, सकारात्मक सोच के साथ

क्या आप जानते हैं कि सिर्फ सकारात्मक विचारों का उपयोग करके हम अपने दिमाग को पुनः व्यवस्थित सकते हैं?

लंबे समय तक यह माना जाता था कि मानव मस्तिष्क, एक बार बनने के बाद, वैसा ही रहता है। हम इसे पुनर्निर्मित या बढ़ा नहीं सकते। हालाँकि, वैज्ञानिक अब उन चीजों को देख रहे हैं जो मस्तिष्क को बढ़ने और बदलने में मदद करती हैं। उनमें से एक है व्यायाम और शारीरिक गतिविधि। और दिलचस्प बात यह है कि सकारात्मक विचार रखना दूसरा तरीका माना जाता है।

डॉ. नॉर्मन डोइज की पुस्तक *द ब्रेन दैट चेंजेस इटसेल्फ* में 'पॉजिटिविटी वर्कआउट्स' के बारे में लिखा गया है जो मस्तिष्क को पुनः व्यवस्थित कर सकते हैं और पुराने नकारात्मक विचार पैटर्न को बदल सकते हैं। क्या यह शानदार नहीं है? बहुत बार हम ऐसे लोगों के साथ बड़े होते हैं जो नकारात्मक होते हैं या जिनके पास नकारात्मक अनुभव होते हैं। कभी-कभी, ये हमारी सोच के डिफॉल्ट पैटर्न बन जाते हैं। यह जानकर कितनी राहत मिलती है कि हम इन सोच के पैटर्न को बदल सकते हैं, भले ही हम अपने अनुभवों को हमेशा नियंत्रित नहीं कर सकते।

आइए समझते हैं कि सकारात्मकता का मतलब क्या है। शब्दकोश यहाँ बेकार है क्योंकि यह सिर्फ कहता है कि सकारात्मकता का मतलब सकारात्मक होना है। धत!

मेरे लिए सकारात्मकता एक ऐसी आशा का कार्य है जो वास्तविकता में निहित है। सरल शब्दों में, इसका मतलब है कि हमारे आस-पास की घटनाओं के बारे में आशावादी होना   सबसे बुरे संभावित निष्कर्षों पर नहीं पहुँचना, चीजों को अच्छा या बुरा न मानना, बल्कि यह विश्वास करना कि चीजें बेहतर हो सकती हैं। इसलिए,

आशा सकारात्मकता का एक आवश्यक घटक है। सकारात्मकता यह विश्वास है कि वर्तमान अद्भुत है और भविष्य और भी बेहतर होने वाला है।

तो, हम सकारात्मकता कैसे विकसित करते हैं? सबसे पहले, यह आवश्यक है कि हम अपने जीवन में नकारात्मक भार को कम करें। जिन लोगों के साथ हम समय बिताते हैं, जो खबरें हम पढ़ते हैं, जो शो हम देखते हैं आदि, वे अत्यधिक नकारात्मक नहीं होने चाहिए। जब हम अपने जीवन से नकारात्मकता को बाहर निकालते हैं, तो हम इसके बजाय सकारात्मक चीजें जोड़ सकते हैं। हमें सकारात्मक प्रतीक, कहानियाँ, मीम्स खोजने और अपने चारों ओर रखने चाहिए।

फिर, हमें खुद को चुनौती देनी चाहिए कि हम उन सभी चीजों में आशा और अच्छाई देखें जो हमारे आस-पास हैं, विशेष रूप से उन चीजों में जिन्हें हम बदल नहीं सकते। मैं आपको बताता हूँ कि मैंने अपने जीवन में सकारात्मकता को कैसे सक्रिय किया।

चरण 1: मैंने समाचार सुनना बंद कर दिया, जब तक कि वह कोई मजेदार चीज नहीं थी या किसी सकारात्मक समाचार स्रोत से नहीं आता था। अगर समाचार महत्वपूर्ण था, तो कोई मुझे इसके बारे में बता ही देता। फिर, मैंने धीरे-धीरे अपने जीवन में नकारात्मक लोगों से बात करना बंद कर दिया या उन्हें उनके नकारात्मक लूप से बाहर निकालने के लिए कोचिंग शुरू कर दी। सोशल मीडिया पर, मैंने उन लोगों को अनफॉलो कर दिया जो हमेशा नकारात्मक रहते थे।

चरण 2: मैंने अपने चारों ओर सकारात्मकता का वातावरण बनाया। मैं सुपरमैन को ताकत और सकारात्मकता से जोड़ता हूँ। इसलिए, मेरे पास एक सुपरमैन मग, एक सुपरमैन का कीचेन और एक सुपरमैन का मोबाइल कवर है। मेरे ऑफिस में, मेरे पास एक सुपरमैन वाला कालीन भी है। लोग सोच सकते हैं कि मैं सुपरमैन बनने की कोशिश कर रहा हूँ, लेकिन यह वह प्रतीकवाद है जिसे मैं अपना रहा हूँ। मेरे पास एक सकारात्मक उक्तियों वाले एफर्मेशन कार्ड्स का डेक है जिसे मैं अपने कमरे में रखता हूँ और समय-समय पर पढ़ता हूँ। जब दोस्त आते हैं, तो वे एक कार्ड उठाते हैं और उस पर कुछ मजेदार और सकारात्मक लिखा हुआ देखते हैं। मेरी डेस्क पर पोस्ट-इट नोट्स भरे हुए हैं जिन पर मेरे लक्ष्य लिखे हुए हैं। जब लोग मुझसे पूछते हैं, 'आप कैसे हैं?' मैं जवाब देता हूँ, 'रॉकिंग!' और आप जानते हैं? मैं वास्तव में ऐसा ही महसूस करता हूँ।

ये मेरे तरीके हैं जिन्हें मैं अपनी दैनिक जिंदगी में सकारात्मकता को बढ़ाने के लिए अपनाता हूँ। आपके तरीके पूरी तरह से अलग हो सकते हैं। सुपरमैन का होना जरूरी नहीं है। शायद दुनिया भर में होने वाले दयालुता के कृत्यों के बारे में पढ़ना या पिल्लों के वीडियो देखना आपके अंदर सकारात्मकता जगाता है। आपको कुछ ऐसा छोटा ढूँढ़ना होगा जो करना आसान हो और इसमें कम प्रयास लगे। कुछ ऐसा जो अवचेतन स्तर पर काम करे और आपके अंदर सकारात्मकता की भावना पैदा करे।

आपके हैबिट कोच के रूप में, मैं चाहता हूँ कि आप इन दो चरणों पर काम करें। अपने चारों ओर से नकारात्मकता को हटा दें और बहुत सारी सकारात्मक चीजें जोड़ें। पृष्ठ 10 पर 'दिमाग को मजबूत करें' अध्याय इस विचार को आगे बढ़ाने में आपकी मदद करेगा।

सकारात्मकता को बढ़ाने की आपकी सुपर सरल आदत आपके चारों ओर सकारात्मकता का वातावरण बनाने से शुरू होती है। देखें कि आप दिन का अधिकांश हिस्सा कहाँ बिताते हैं, और वहाँ अधिक सकारात्मकता लाने के लिए आप कौन से परिवर्तन कर सकते हैं।

अपने चारों ओर पाँच सकारात्मक परिवर्तन करें। यह कहीं भी हो सकता है—आपका ऑफिस, घर, कार या एक्सेसरीज। शायद, यूनिकॉर्न आपके लिए सकारात्मकता का प्रतीक हो! मैं आपके द्वारा किए गए इन परिवर्तनों के बारे में जानने के लिए उत्सुक हूँ। एक तस्वीर लें और मेरे इंस्टाग्राम अकाउंट (@Ashdindoc) पर साझा करें। हैशटैग #OneHabitADay जोड़ें।

छोटे-छोटे बदलाव धीरे-धीरे मस्तिष्क को हर जगह सकारात्मकता देखने के लिए पुन: प्रोग्राम करते हैं। यही हम प्राप्त करना चाहते हैं। मुझे पता है कि आप उनमें से हैं जो अपने जीवन में सकारात्मकता चाहते हैं। यही कारण है कि आप मेरी किताब पढ़ रहे हैं। आइए सकारात्मकता को एक आदत बनाएँ जो लगातार बढ़ती रहे!

अभ्यास

1. अब जब आपने अपने जीवन में सकारात्मकता के लिए जगह बना ली है, तो एक प्रतीक के बारे में सोचें जो आपको सकारात्मक रहने की याद दिलाए। यह शांति चिह्न, आपका पसंदीदा जानवर, या ... एक यूनिकॉर्न भी हो सकता है! अपने चुने हुए प्रतीक को विभिन्न रूपों में अपने आस-पास रखें। हर बार जब आप इसे देखें, तो सोचें कि यह आपके लिए क्या दर्शाता है, और इससे सकारात्मकता प्राप्त करें।

2. सकारात्मकता से भरे हुए कोट या एफर्मेशन के फ्लैशकार्ड्स रखें जो आपके मन को सकारात्मकता से भर दें। नीचे तीन ऐसे कोट या एफर्मेशन लिखें।

----

3. अपने शब्दकोश को नया रूप दें। उन पाँच नकारात्मक शब्दों को लिखें जिन्हें आप उपयोग करते हैं। अब, उन पाँच सकारात्मक शब्दों की एक सूची बनाएँ जिन्हें आप उपयोग कर सकते हैं।

कृतज्ञता ही सर्वोत्तम

आभार प्रकट करने की आदत का अभ्यास मेरे जीवन में सबसे परिवर्तनकारी चीज साबित हुआ। यदि आप इस पुस्तक से केवल एक ही आदत अपनाते हैं, तो कृपया आभार प्रकट करने की आदत अपनाएँ। मुझे पता है कि यह आपके लिए सबसे शक्तिशाली उपकरण साबित होगी।

क्या आप जानते हैं कि आभार प्रकट करना आपके स्वास्थ्य को सुधार सकता है? कई अध्ययन इस बात का संकेत देते हैं कि जो लोग जीवन को अधिक आभारपूर्ण दृष्टिकोण से देखते हैं, उनका जीवन और स्वास्थ्य बेहतर होता है।

हम सोच भी नहीं सकते कि कृतज्ञता हमें कितनी चीजों में मदद करती है। इंटरनेट पर आपको 'आभार से जीवन को बदलने के 31 तरीके', 'कृतज्ञता से स्वास्थ्य को होने वाले सात लाभ', 'कृतज्ञता अपनाएँ और अपने सामाजिक जीवन को सुधारें' और 'आभार के अभ्यास से बेहतर नींद लें' जैसे अनगिनत लेख बड़ी ही आसानी से मिल जाएँगे।

सूची अंतहीन है।

मेरा आभार प्रकट करने का अभ्यास तब शुरू हुआ जब मैं अपने जीवन के एक बहुत बुरे चरण से बाहर आया था। एक विषाक्त संबंध समाप्त हो गया था, मैंने घर बदल लिया था और लगभग शून्य से अपना जीवन एक बार फिर से शुरू कर रहा था। मेरा आत्म-सम्मान कम था, मेरा भविष्य अनिश्चित था और अब तक मैंने जो जीवन जिया था, वह हजारों टुकड़ों में बिखर चुका था। मैं डरा हुआ था। डर मेरे अस्तित्व की मुख्य भावना बन चुका था।

देखिए, जब आप डर के जीवन जी रहे होते हैं, तो किसी भी चीज में सकारात्मकता देखना बहुत मुश्किल होता है। आपको लगता है कि दुनिया आपके खिलाफ है।

आत्म-दया आपकी स्थाई साथी बन जाती है। मेरे साथ ही क्यों? जीवन इतना क्रूर कैसे हो सकता है? इस प्रकार के प्रश्न अक्सर आपके विचारों में आते हैं।

आप अपने जीवन में हर चीज को स्वाभाविक मान लेते हैं। आपको लगता है कि आप इसी के हकदार हैं। ऐसा इसलिए है क्योंकि आप अपने आप पर इतना ध्यान केंद्रित कर रहे हैं कि आप दूसरों में अच्छाई नहीं देख सकते। आपको लगता है कि आप सभी अच्छी चीजों के हकदार हैं क्योंकि आपके साथ अतीत में सभी बुरी चीजें हुई हैं। अधिकार कृतज्ञता के विपरीत होता है।

आप रात में जागते रहते हैं, चिंताजनक विचारों को दूर रखने के लिए संघर्ष करते हैं: एक बुरे बॉस के साथ तनावपूर्ण नौकरी, वित्तीय समस्याएँ जो आपका पीछा करती रहती हैं, घर और काम के बीच संतुलन बनाने की आवश्यकता। आप उन चीजों से छिपना चाहते हैं जो आपको परेशान करती हैं, इसलिए आप हर रात मन भटकाने के लिए पार्टी करने जाते हैं। यह सब कुछ भूलने के लिए कि आप किससे भाग रहे हैं।

यही मेरी भी जिंदगी थी। मैं बाहर जाता, सारी रात पार्टी करता और सुबह चार या पाँच बजे घर वापस लौटता। अब, मैं हर सुबह पाँच बजे उठता हूँ। जब मैं अपने पिछले जीवन की तुलना आज के जीवन से करता हूँ, तो चकित रह जाता हूँ।

वह मेरे जीवन का सबसे निचला बिंदु था जब मैंने आभार प्रकट करने का अभ्यास शुरू किया। मैंने सारी उम्मीदें खो दी थीं। फिर भी, मैं सुबह उठता और खुद को तीन चीजें सोचने के लिए मजबूर करता जिनके लिए मैं आभारी हूँ। फिर मैं उन्हें एक जर्नल में लिखता। इस अभ्यास का पहला सप्ताह बहुत मुश्किल था, लेकिन दूसरे सप्ताह तक, मैं हर बार कुछ लिखने के दौरान मुस्कुरा रहा होता था।

इस अभ्यास के एक महीने के भीतर ही मेरा जीवन बदल गया। ऐसा इसलिए हो पाया क्योंकि मेरी मानसिकता बदल गई थी। मैं पहचान में नहीं आ रहा था। डर गायब हो गया था। चिंता चली गई थी। मैं अब एक अलग इंसान बन गया था।

आभार किसी चीज, किसी व्यक्ति या किसी घटना के लिए कृतज्ञता की भावना है। यह आपके जीवन पर उनके प्रभाव के लिए सराहना है। यह सबसे छोटी चीजें हो सकती हैं, जैसे कोई आपके लिए दरवाजा खोलता है या अपना खाना आपके साथ

साझा करता है। आभार हमें उन कई चीजों के प्रति सजग रहने में सक्षम बनाता है,जो लोग हमारे लिए बिना कुछ मांगे करते हैं।

आभार शब्द एक अहसास को प्रेरित करता है। यह अहसास मस्तिष्क को रसायनों के एक कॉकटेल से सुपरचार्ज करता है। यह जीवविज्ञान में अंतर्निहित है। चूँकि मानव सामाजिक प्राणी है, हम एक साथ रहने और एक-दूसरे के लिए कुछ करने के लिए विकसित हुए हैं। यदि यह बंद हो जाए तो हमारा सामाजिक तंत्र टूट जाएगा।

आप देख सकते हैं कि यह दुनिया भर में हो रहा है। जैसे-जैसे हम एक 'वैश्विक' समाज में बढ़ रहे हैं, जहाँ दुनिया केवल कुछ क्लिक की दूरी पर है, हम अधिक व्यक्तिवादी और कम सामाजिक बनते जा रहे हैं। ऐसे समय में, कृतज्ञ होना आवश्यक है।

अब बताता हूँ कि आभार प्रकट करने के अभ्यास पर कैसे काम करना शुरू करते हैं। तीन चीजें लिखकर शुरू करें जिनके लिए आप आभारी हैं। पूर्ण वाक्य लिखें। 'मैं अपनी माँ और उनके निःस्वार्थ प्यार के लिए आभारी हूँ।' यदि आप चाहें तो आप उस आभार के लिए एक कारण दे सकते हैं, लेकिन यह आवश्यक नहीं है।

असली शक्ति इसके बाद आती है। अगले तीस दिनों के लिए अपनी आभार सूची में एक भी चीज को दोहराएँ नहीं। इसका मतलब है कि अंत तक, आपके पास नब्बे अलग-अलग चीजें होंगी जिनके लिए आप आभारी हैं। जब मैं यह अपने क्लाइंट्स को बताता हूँ, तो वे पहले मुझ पर विश्वास नहीं करते! एक बार में नब्बे चीजों के बारे में सोचना असंभव लगता है। लेकिन जब आप इसे करना शुरू करते हैं, तो आपको वह हिंदी शिक्षक याद आता है जिसने आपको इतनी दया दिखाई थी, वह जन्मदिन की पार्टी जो इतनी विशेष थी और आपका पसंदीदा क्रिकेट बैट जो हर जगह आपके साथ जाता था।

धीरे-धीरे, आप महसूस करने लगते हैं कि आपका जीवन अच्छा रहा है। यहाँ तक कि बुरे समय के दौरान भी, खुशियों के पल मौजूद रहे हैं। सरल शब्दों में कहें तो, हमेशा ऐसी चीजें रही हैं जिनके लिए आप आभार महसूस कर सकते हैं।

तो, आपकी सुपर सरल आदत एक नोटबुक और एक पेन लेने से शुरू होती है। नहीं, इसे अपने मोबाइल फोन या कंप्यूटर पर न करें। मेरी बात मानें, यदि आप पेपर पर लिखते हैं तो यह बेहतर काम करता है।

इस आदत को हर सुबह अपनी चाय या कॉफी के साथ करें। एक विशेष स्थान खोजें जहाँ आपको कोई परेशान न करे। उस चीज पर ध्यान केंद्रित करने और उसे महसूस करने के लिए कम से कम पंद्रह सेकंड का समय लें जिसके लिए आप आभारी हैं।

अपनी जिंदगी बदलने के लिए तैयार हो जाइए।

अभ्यास

तीन चीजें लिखें जिनके लिए आप आभारी हैं। यह किसी व्यक्ति के बारे में हो सकता है जिसने आपकी मदद की है या हाल ही में आपने कोई चीज खरीदी है या फिर कोई ऐसी घटना जिसने आपको खुश किया है। यह सबसे छोटी खुशियों में से हो सकती है।

मैं आभारी हूँ---

अब इन चीजों में से प्रत्येक की कल्पना करें। कुछ सेकंड उस स्मृति को पुनः स्मरण करने में बिताएँ। अपने आपको फिर से आभार महसूस करने दें।

अगले 30 दिनों के लिए रोजाना यही अभ्यास करें, निम्नलिखित दो नियमों का पालन करें:

1) वाक्य 'मैं आभारी हूँ...' से शुरू होना चाहिए।

2) इन 30 दिनों में कोई भी पुनरावृत्ति नहीं होनी चाहिए। आभार व्यक्त करने के लिए नई चीजें खोजें।

जैसे-जैसे आप लिखेंगे और कल्पना करेंगे, आप देखेंगे कि आपका जीवन आपके सामने बदल रहा है। आभार के जादू को साकार होते देखें!

खींचो मत, धक्का दो

क्या आप जानते हैं कि जनवरी का नाम दरवाजों के देवता के नाम पर रखा गया है? क्या आपको पता है कि दरवाजों का देवता भी होता है? यही कारण है कि मुझे मजेदार तथ्यों का शोध करना पसंद है।

जनवरी का नाम रोमन देवता *जानूस* के नाम पर रखा गया है, जो दरवाजों या मेहराबों के देवता हैं। प्राचीन रोम में, दरवाजे केवल उपयोगितावादी उद्देश्य नहीं रखते थे, वे शक्ति के प्रतीक भी थे। भव्य स्वतंत्र द्वार बनाए जाते थे। रोमन सेनाएँ इन विशाल संरचनाओं से गुजरकर युद्ध के लिए जाती थीं। ध्यान दें कि आज भी हमारे पास कई प्रतीकात्मक स्वतंत्र द्वार हैं। मुंबई में गेटवे ऑफ इंडिया, दिल्ली में इंडिया गेट और पेरिस में *आर्क डी ट्रायम्फ* सभी ऐसे द्वार हैं जो सिर्फ एक दरवाजे से कहीं अधिक के प्रतीक हैं।

जानूस को नयी शुरुआत का देवता भी माना जाता है, इसलिए उन्हें द्वार से भी जोड़ा गया है। यह बिल्कुल इस तरह है जैसे हम एक नई दुल्हन का घर में स्वागत करते हैं। यह एक छोटी सी रस्म के माध्यम से होता है जो दरवाजे पर की जाती है। कुछ संस्कृतियों में, दुल्हनों को दहलीज के ऊपर से उठाकर ले जाया जाता है, जो एक नए जीवन में परिवर्तन का प्रतीक होता है।

हम इसे महसूस नहीं करते, लेकिन आज हम कई ऐसी चीजें बिना सोचे-समझे करते हैं, जिनका अतीत से गहरा अर्थ जुड़ा होता है।

उदाहरण के लिए, प्राचीन रोम में दरवाजा खोलने का तरीका इस बात का प्रतीक है कि दरवाजा खोलने वाले व्यक्ति ने रोम की कितनी अच्छी सेवा की। केवल उन्हीं लोगों को बाहर की ओर खुलने वाले दरवाजे का सम्मान मिलेगा जिन्होंने साम्राज्य के विस्तार में मदद की थी।

आजकल हम बस दरवाजे पर सुविधा के अनुसार 'खींचें' या 'धक्का दें' का निशान लगा देते हैं। सारा प्रतीकवाद खो गया है, उसकी जगह एक निर्देश ने ले ली है। लेकिन क्या आपने देखा है, कुछ दरवाजे जो आपको खींचने के लिए कहते हैं, अगर धक्का दिया जाए तो भी ठीक काम करते हैं और इसके विपरीत भी? जब मैं बच्चा था, खींचें (*pull*) और धक्का दें (*push*) स्टिकर दरवाजों पर बहुत लोकप्रिय थे। जब यह लोगों को कन्फ्यूज कर देते थे, तब यह हम बच्चों के लिए बड़े मनोरंजन की चीज बन जाती थी।

हमारे एक पारिवारिक मित्र थे, जिन्होंने मेरे जीवन में प्रभावशाली भूमिका निभाई— फिरोज इंजीनियर। वह एक एक स्वतंत्र विचारक, एक उद्यमी और अद्भुत व्यक्ति थे। मुझे उनके साथ एक घटना बहुत स्पष्ट रूप से याद है। वह मेरे माता-पिता से कह रहे थे, 'मैं हमेशा उस दरवाजे को खींचता हूँ जिस पर "धक्का दें" लिखा होता है और उस दरवाजे को धक्का देता हूँ जिस पर "खींचें" लिखा होता है।' एक बच्चे के रूप में, मुझे यह मजेदार लगा, लेकिन साथ ही यह अजीब तरह से गहरा भी लगा। आज, इतने वर्षों बाद भी यह बात मुझे याद है, मुझे विश्वास है कि फिरोज की कही बात सुनने में साफ थी लेकिन वह एक वाक्य कई परतों वाला था।

जब आप आँख मूँदकर किसी की बात मानते हैं, तो आप अपने लिए नहीं सोच रहे होते। आप अपने दिमाग का उपयोग नहीं कर रहे हैं, आप केवल झुंड का अनुसरण कर रहे हैं। झुंड सुरक्षित है लेकिन व्यक्तिगत रूप से बढ़ने के लिए कोई जगह नहीं है। समय-समय पर झुंड से अलग होना महत्वपूर्ण है।

फिरोज के साधारण कथन से मैंने जो दूसरी बात सीखी, वह यह है कि हर चीज पर सवाल उठाना चाहिए। आप किसी और की बात पर क्यों विश्वास करें? सवाल करें! आपको जो कुछ भी मैं कह रहा हूँ, उसे भी आँख मूँदकर क्यों मानना चाहिए? सवाल करें! इसे स्वयं आजमाएँ और देखें क्या होता है।

मैं अक्सर आपको अपने बिलीफ सिस्टम (विश्वास प्रणाली) पर सवाल उठाने की बात करता हूँ। हमारा बिलीफ सिस्टम अक्सर दूसरों द्वारा हमारे लिए बनाया जाता है। कुछ सही हो सकते हैं और कुछ पूरी तरह से बकवास भी। इसलिए, हर चीज पर सवाल उठाना चाहिए और उन विश्वास प्रणालियों को नष्ट करना चाहिए जो आपके लिए काम नहीं करती हैं।

अंत में, फिरोज की 'धक्का दें लिखे होने पर खींचने' की बात आपको प्रयोग करने के लिए प्रोत्साहित करेगी। दरवाजे पर चिपके स्टिकर के विपरीत काम करें लेकिन ऐसा आराम से करें, बस इस स्थिति में कि आप दरवाजे, फर्श या दूसरी तरफ किसी की नाक को नुकसान न पहुँचाएँ। धीरे से इसे आजमाएँ, इससे पहले कि आप इसे करने के लिए प्रतिबद्ध हों। याद रखें, यह बिना कारण विद्रोह नहीं है, केवल प्रयोग करना है।

एक साधारण दरवाजे से इतनी सारी सीख।

वास्तव में, मैं हमेशा एक ऐसा दरवाजा चाहता था जो केवल एक ही तरफ खुले, फिर अंदर की तरफ पूरी तरह विपरीत निर्देश लगा दिया जाए। बस यह देखने के लिए कि कोई दरवाजे पर कितनी देर तक फँसा रहेगा। यह नौकरी के साक्षात्कार के लिए एक बढ़िया उपकरण होगा। एचआर, क्या आप सुन रहे हैं?

आपके हैबिट कोच के रूप में, मैं चाहता हूँ कि आपका मन स्वतंत्र विचारों वाला, जिज्ञासु और प्रश्न पूछने वाला हो। लगातार एक बेहतर या कुछ नया तरीका खोजने में तत्पर। ऐसा करने के लिए आपकी सुपर सरल आदत 'खींचें' लिखे दरवाजों को धक्का देने और 'धक्का दें' लिखे दरवाजों को खींचने से शुरू होती है। हर बार जब आप एक दरवाजा देखते हैं जिस पर धक्का देने का निशान है, तो पहले धीरे से इसे खींचें, देखें कि क्या यह इस तरह से काम करता है, और अगर नहीं, तो इसे धक्का देने में संकोच न करें।

आइए दरवाजों में प्रतीकवाद वापस लाएँ। आइए दरवाजों को जिज्ञासा, प्रयोग और नई शुरुआत के प्रतीक के रूप में खड़ा करें।

अभ्यास

आइए एक खेल खेलते हैं। इसके लिए आपको केवल थोड़ी सी स्वाभाविकता और कुछ जिज्ञासु दोस्तों की जरूरत है। अगले तीन दिनों तक, आप में से प्रत्येक को नीचे दिए गए दिन के निर्देशों का पालन करना होगा और फिर अपने अनुभव एक-दूसरे के साथ साझा करने होंगे।

दिन 1: चीजों को अलग तरह से करें—रोजमर्रा का एक सामान्य कार्य लें और इसे अलग तरीके से करने की कोशिश करें। यह कुछ भी हो सकता है जैसे काम पर जाते समय नया रास्ता लेना या अपनी सुबह की चाय/कॉफी को अलग तरीके से बनाना। जब आप उसमें कुछ नया जोड़ते हैं तो देखें कि कैसे एक साधारण सा कार्य दिलचस्प हो जाता है।

दिन 2: झुंड मानसिकता को चुनौती दें—घर या कार्यस्थल पर, एक अवसर देखें जहाँ आप 'खींचें' लिखे दरवाजे को 'धक्का' दे सकते हैं। धीरे से प्रश्न करें कि चीजें एक निश्चित तरीके से क्यों की जाती हैं? झुंड मानसिकता को चुनौती देने की संभावना का अन्वेषण करें। उदाहरण के लिए, यदि हमेशा एक ही व्यक्ति घर के काम करता है या कार्यालय में विशिष्ट कार्य करता है, तो एक अनौपचारिक बातचीत करें और देखें कि क्या आप एक छोटा सा बदलाव ला सकते हैं।

दिन 3: अपने बिलीफ सिस्टम (विश्वास प्रणालियों) को चुनौती दें—उन विश्वास प्रणालियों की जाँच करें जिनके आधार पर आप जीते हैं। उन चीजों को करीब से देखें जिन्हें आप पूरी तरह से सच मानते हैं। और उनपर प्रश्न करें। किसी ऐसी चीज के ठीक विपरीत सोचें या करके देखें जिसे आप सही मानकर जीवन जी रहे हैं और देखें क्या होता है। देखें कि आपका बिलीफ सिस्टम डगमगाता है, बदलता है या वही रहता है।

तीन दिनों के अंत में, अपने अनुभवों, अपेक्षित और अप्रत्याशित परिणामों और अपनी सीखों के बारे में मजेदार चर्चा करें। प्रश्न करना दैनिक आदत बना लें। इससे आपको अलग तरह से सोचने में मदद मिलेगी।

संपन्न मानसिकता

धन और समृद्धि की देवी लक्ष्मी के नाम में धनी बनने का रहस्य छिपा है। उनका नाम संस्कृत शब्द ‘लक्’ से आया है, जिसका अर्थ है देखना और अवलोकन करना। ‘लक्ष’, जिसका अर्थ है लक्ष्य या उद्देश्य।

मैंने यह अध्याय धनतेरस के दिन लिखा था, जिस दिन हम देवी लक्ष्मी के स्वागत में एक छोटी पूजा करते हैं। इस उम्मीद के साथ कि उनका आगमन समृद्धि लाएगा—और समृद्धि से हमारा मतलब है, पैसा।

हमारा पैसे के साथ एक मजेदार संबंध होता है। एक तरफ, हम इसे चाहते हैं और दूसरी तरफ, हम ऐसे दिखाते हैं जैसे हमें इसके होने या न होने से कोई फर्क नहीं पड़ता। ‘अरे, पैसा महत्वपूर्ण नहीं है’ या, ‘मैं यह पैसे के लिए नहीं कर रहा हूँ।’ हम भौतिकवादी नहीं दिखना चाहते और इसलिए हम ये सब बहाने बनाते हैं और मिश्रित संकेत देते हैं।

फिर, एक तरीका है जहाँ हम उन लोगों के बारे में बात करते हैं जिनके पास पैसा है। ‘ओह, वह जरूर अमीर होगी। उसके लिए सब कुछ आसान है’, ‘अगर मेरे पास इतना पैसा होता, तो मेरी जिंदगी बहुत बेहतर होती’, ‘वह ऐसा कर सकता है, उसके पास बहुत सारा पैसा है।’ ऐसे बयान अक्सर ईर्ष्या और हमारे अपने लालच से भरे होते हैं।

ऐसा लगता है कि हमारा पैसे के साथ एक जटिल संबंध है। हम और अधिक चाहते हैं, लेकिन यह नहीं दिखाना चाहते कि हम इसके पीछे भाग रहे हैं। हालाँकि, हम यह स्वीकार कर सकते हैं कि पैसा जीवन को आसान बनाता है।

एक पौराणिक कथा में, देवी लक्ष्मी ने देवताओं को तब छोड़ दिया जब उन्हें लगा कि उन्होंने लालच और अहंकार से धन पर कब्जा कर लिया है। संदेश स्पष्ट है: चीजों को लालच और ईर्ष्या के साथ देखना अमीर बनने का तरीका नहीं है।

हम एक ऐसी दुनिया में रहते हैं जहाँ कोई भी कभी यह महसूस नहीं करता कि उनके पास पर्याप्त पैसा है। मैं कई ऐसे करोड़पतियों को जानता हूँ, जो खुद को दिवालिया महसूस करते हैं, जिन्हें लगता है कि उनके पास कुछ भी नहीं है। इसका कारण यह है कि वे लगातार अपनी तुलना किसी और से करते रहते हैं, किसी ऐसे व्यक्ति से जिसके पास उनसे अधिक पैसा है।

अपने चारों ओर देखें। आज मीडिया और समाज लगातार हमें अमीर बनने के लिए कह रहे हैं। 'एक साल में अपनी आय को बीस गुणा बढ़ाएँ।' 'तीस साल की उम्र तक करोड़पति बनें।' इसी तरह हम फैंसी कारें और बड़े घर देखते हैं और तुरंत उनकी लालसा करने लगते हैं। हमें सफलता की एक चमकदार छवि दिखाई जाती है और हम विश्वास करने लगते हैं कि सफलता ऐसी ही दिखती है। लेकिन क्या वास्तव में ऐसा है?

ध्यान रखने वाली मुख्य बात यह है कि अमीर होने और अमीर महसूस करने में बहुत बड़ा अंतर है। एक अरबपति, गरीब व्यक्ति की तरह महसूस कर सकता है, जबकि कोई गरीब इंसान अमीर मानसिकता रख सकता है और जो उसके पास है उससे संतुष्ट रह सकता है। क्या मैं यह कह रहा हूँ कि आपको अधिक पैसा कमाने की कोशिश नहीं करनी चाहिए? बिलकुल नहीं। बात यह है कि आपको इस बात से प्यार हो जाए कि पैसा आपके लिए क्या दर्शाता है, न कि पैसे से।

फिर से एक बार दोहराता हूँ, क्योंकि यह एक महत्वपूर्ण बिंदु है जिसपर मैं जोर देना चाहता हूँ। उस चीज से प्यार करें जिसे पैसा दर्शाता है, पैसे से प्यार न करें।

क्या आप अधिक पैसा चाहते हैं ताकि आप छुट्टियों पर जा सकें? अभी आपको कौन रोक रहा है? क्या आप अधिक पैसा एक फैंसी कार खरीदने के लिए चाहते हैं? क्यों? आपके लिए उस कार का क्या मतलब है? क्या यह स्वतंत्रता और पलायन की भावना है जिसकी आप तलाश कर रहे हैं? या, क्या यह स्थिति में वृद्धि का प्रतीक है?

मैं अधिक पैसा चाहता हूँ ताकि मैं अपने पॉडकास्ट, यूट्यूब वीडियो और हैबिट कोचिंग ऐप जैसी चीजें बनाना जारी रख सकूँ और उन्हें उपहार के रूप में मुफ्त में साझा कर सकूँ। मेरे लिए पैसा समाज को वापस देने, समाज को बदलने की क्षमता का प्रतिनिधित्व करता है।

यहीं पर लक्ष्मी का पहला अर्थ आता है—लक् या धारणा। अपने जीवन में पैसे की भूमिका का अवलोकन करें। आप इसे क्यों चाहते हैं? क्या यह दिखावा करने के लिए है? क्या यह आपके बच्चों को बेहतर शिक्षा देने के लिए है? आपके जीवन में पैसे की क्या भूमिका है?

यह उन सबसे बड़े सवालों में से एक है जो अमीर मानसिकता वाले लोग खुद से पूछते हैं। इस प्रश्न को पूछकर, आप अपने उद्देश्यों को अपने लिए स्पष्ट बना रहे हैं। जैसे ही आप अपने सच्चे इरादों पर ध्यान केंद्रित करते हैं, आप देखेंगे कि लालच गायब हो गया है और ईर्ष्या दूर हो गई है।

देवी लक्ष्मी के नाम में छिपा अगला संकेत 'लक्ष्य' है।

अमीर मानसिकता का मतलब है कि आपके धन के लिए एक निश्चित लक्ष्य होना। यह बिना सोचे-समझे इकट्ठा करने के बारे में नहीं है। यह एक अंतिम परिणाम की ओर काम करने के बारे में है, जिसके लिए आप कुछ प्राप्त कर रहे हैं।

लक्ष्यों वाले लोग सफल होते हैं क्योंकि वे जानते हैं कि वे किस चीज का पीछा कर रहे हैं।

हाल ही में, मुझे इंस्टाग्राम पर वित्तीय आदतों के बारे में बहुत सारे संदेश मिल रहे हैं। ज्यादातर लोग इस बात का दुख जताते हैं कि वे कंगाल हैं। उनकी पैसे को लेकर गरीब मानसिकता है और इसलिए लगातार ऐसा महसूस होता है कि उनके पास पर्याप्त पैसा नहीं है। गरीब मानसिकता वह है जो मानती है कि पैसा बुरा है, फिर भी इसके निरंतर अभाव को महसूस करती है। इसके बजाय, कल्पना करें कि यदि वे अपनी सोच को उलट सकें। वे अमीर मानसिकता के साथ सोचना शुरू कर सकते थे: पहला, अवसरों के माध्यम से अपने जीवन में धन का स्वागत करना। दूसरा, यह समझना कि पैसा एक उपकरण है और उन्हें उस चीज से प्यार और लालसा करनी चाहिए जिसका पैसा प्रतिनिधित्व करता है। तीसरा, अपने जीवन में क्या हासिल करना चाहते हैं इसके लिए एक स्पष्ट लक्ष्य रखें। यह एक वित्तीय लक्ष्य हो सकता है या कुछ छोटा जो व्यक्तिगत रूप से संतोषजनक हो। स्पष्टता महत्वपूर्ण है।

इसलिए, आपकी सरल आदत जो आपके लिए चीजों को बदल सकती है वह आपके पैसे की मानसिकता में बदलाव है। इसकी शुरुआत ये समझने से होती है कि

अमीर होने का आपके बैंक खाते में क्या है उससे कोई लेना-देना नहीं है। यह इस बारे में है कि आप जो कुछ भी आपके पास है और क्यों है उसके बारे में कैसा महसूस करते हैं। आपके पैसे का उद्देश्य क्या है और पैसे का आपके लिए क्या मतलब है।

आपके हैबिट कोच के रूप में, मैं आप सभी को आर्थिक रूप से स्वतंत्र, अमीर और खुश देखना चाहता हूँ!

अभ्यास

इस अभ्यास के तीन चरण हैं।

पहला, अपने जीवन में पैसे का स्वागत करें। पैसे के स्वागत में एक छोटा सा नोट लिखें। यदि देवी लक्ष्मी आपके लिए समृद्धि का प्रतीक हैं, तो आप उन्हें संबोधित करते हुए एक छोटा सा पत्र लिख सकते हैं, जिसमें आप अपने जीवन में उन्हें खुले दिल से आमंत्रित कर रहे हैं।

दूसरा, कल्पना करें कि आपके पास असीमित धन है। तीन बातें लिखें कि इसका आप क्या करेंगे। यहाँ पैसे को एक उपकरण के रूप में सोचें। वे तीन चीजें कौन सी हैं जिन्हें आप प्यार करते हैं या जिनको पाने की आपको लालसा है, ऐसी चीजें जिन्हें आप अधिक पैसे से प्राप्त कर सकते हैं।

अंत में, पिछले चरण में लिखी गई चीजों से संबंधित एक लक्ष्य निर्धारित करें। यह एक वित्तीय लक्ष्य भी हो सकता है या कुछ और। स्पष्टता लाएँ कि आप पैसे क्यों चाहते हैं, आपको कितना चाहिए और आप इसे कैसे कमाने की योजना बना रहे हैं।

इस लक्ष्य को रोजाना देखें और इसे क्रमशः प्राप्त करने की योजना बनाएँ। याद रखें कि धन सृजन के प्रति स्पष्टता से कार्य करें, न कि लालच या अंधाधुंध संचय की सोच से।

एक शार्क की खोज

डॉ. विग्नेश देवराज, मेरे पॉडकास्ट पर एक अतिथि रह चुके हैं, उन्होंने मुझे जापानियों और उनकी मछली के स्वाद के बारे में एक दिलचस्प कहानी सुनाई। सुना है जापानी अपने मछली के टैंकों में एक छोटी शार्क डालते हैं।

चकरा गए न? चलिए, मैं समझाता हूँ।

जब जापानी जनसंख्या कम थी, वे तटरेखा के पास ही मछली पकड़ते थे। लेकिन, जैसे-जैसे जनसंख्या बढ़ी और मछली की माँग बढ़ी, उन्हें मछली पकड़ने दूर-दूर तक जाना पड़ता था। इसका मतलब था कि पकड़ी गई मछलियों को बर्फ पर रखकर वापस लाया जाता। समस्या यह थी कि समझदार जापानी इस अंतर को समझ जाते थे कि मछली ताजा नहीं है।

इस समस्या के समाधान के लिए मछली पकड़ने वाली नौकाओं को उन टैंकों के साथ बनाया गया जिनमें समुद्री जल भरा जा सके। इसने मछुआरों को मछली को मुख्य भूमि तक जीवित रखने का समय दिया। आप सोचेंगे कि इससे समस्या हल हो गई होगी। लेकिन नहीं, ऐसा नहीं हुआ।

मछली चारों ओर फड़फड़ाती और फिर अंततः स्थिर हो जाती और तैरना बंद कर देती। जाहिर तौर पर इससे उनके मांस की गुणवत्ता बदल जाती। जापानी इस बदलाव को महसूस कर सकते थे और इसे मंजूर नहीं करते थे।

और क्या किया जा सकता था? टैंक में मछली को तैराते रखने के लिए कोई रास्ता नहीं था। अंततः किसी जीनियस ने मछली के साथ टैंक में एक छोटी शार्क डालने का फैसला किया। निश्चित रूप से, शार्क कुछ मछलियों को खा जाती, लेकिन दूसरों को तैरते रहने का कारण मिल जाता। वे अपनी जान बचाने के लिए तैरती रहतीं!

जब हम अपने जीवन और उन गुणों के बारे में सोचते हैं जो हम अपनाना चाहते हैं, तो हम अक्सर केवल सकारात्मक गुणों के बारे में सोचते हैं और नकारात्मक गुणों को नजरअंदाज कर देते हैं। स्टोइक दार्शनिकों ने उन सकारात्मक गुणों के बारे में बात की जिन्हें हमें अपनाना चाहिए और उन नकारात्मक गुणों के बारे में भी, जो हमें अपने जीवन को सुधारने के लिए छोड़ देने चाहिए।

एक नकारात्मक गुण का उदाहरण है आत्मसंतोष। अपनी उपलब्धियों से संतुष्टि का अनुभव हमें हमारे चारों ओर मौजूद खतरों का अवलोकन करने से रोकता है। जब हम युवा होते हैं और हमारी देखभाल हमारे माता-पिता द्वारा की जाती है तो हम अक्सर आत्मसंतोष का अनुभव करते हैं। जब हमारे पास एक स्थिर नौकरी, अच्छी आय, उचित आराम और इसी तरह की चीजें होती हैं—जब जीवन आसानी से बीत रहा होता है, तब भी हम इसका अनुभव कर सकते हैं।

बड़े होते समय मैं आत्मसंतोष का आदर्श उदाहरण था। मेरे पास अपने पारिवारिक व्यवसाय में शामिल होने के लिए एक मार्ग तैयार था। मुझे जितनी जरूरत थी उससे अधिक कोशिश करने की आवश्यकता नहीं थी।

मैं अपने आप से झूठी संतुष्टि से भरा हुआ अपने दिनों को बर्बाद कर देता।

आमतौर पर, लोग एक बड़े परिवर्तन के आने पर अपने आत्मसंतोष से बाहर निकलते हैं। कुछ के लिए यह तब हो सकता है जब वे शादी करते हैं या उनका पहला बच्चा पैदा होता है—अचानक, वे खुद को किसी और के लिए जिम्मेदार पाते हैं। दूसरों के लिए, यह तब हो सकता है जब वे किसी प्रियजन को खो देते हैं और अपने जीवन पर पुनर्विचार करना पड़ता है।

जब तक हमें कुछ बाहर से नहीं झकझोरता, हम अपने जीवन का अधिकांश समय इस आत्मसंतोष के घेरे में बिताते हैं। हम जीवन को बिना देखे ही गुजरने देते हैं, हमारे चारों ओर और कभी-कभी हमारे भीतर हो रहे परिवर्तनों से अनजान रहते हैं। जैसे जापानी मछली पकड़ने वाली नौकाओं में मछलियाँ कमजोर हो जाती हैं क्योंकि उनके पास ईमानदार, व्यस्त और सक्रिय रहने की कोई चुनौती नहीं होती!

आपके हैबिट कोच के रूप में, मैं आपको दिखाना चाहता हूँ कि संतुष्ट होना अच्छा है, लेकिन आत्मसंतोष में रहना नहीं। जापानियों और उनके मछली के टैंकों के जैसे

ही, हमें अपने जीवन में एक शार्क जोड़ने की जरूरत है ताकि वो हमें जगाए और सक्रिय रखे।

आत्मसंतोष की स्थिति मानसिक और शारीरिक स्वास्थ्य समस्याओं को जन्म देती है। पर्याप्त रूप से न हिलना, स्वस्थ भोजन न करना या पर्याप्त नींद न लेना इसके लक्षण हो सकते हैं। समस्या आत्मसंतोष है। हम सभी को अपने जीवन के विभिन्न पहलुओं में उस शार्क की आवश्यकता है, ताकि आत्मसंतोष को दूर किया जा सके।

मैंने अपने पॉडकास्ट के साथ ऐसा किया, मैंने वादा किया कि प्रत्येक एपिसोड समय पर प्रकाशित हो। शुरुआत में तीन एपिसोड एक सप्ताह में करना असंभव लगा। मेरे टैंक में शार्क श्रोता, निर्माता, स्टूडियो थे। मुझे मजबूत होना पड़ा ताकि तीन एपिसोड जारी रख सकूँ। मुझे खुद को निरंतर रखना पड़ा। यह पुस्तक लिखते समय तक हम प्रति सप्ताह पाँच एपिसोड तक पहुँच गए हैं। अगर मैं आत्मसंतोष में होता, तो मुझे पता है कि मैं एपिसोड पचास से आगे नहीं जा पाता।

आपकी सुपर सरल आदत आत्मसंतोष से अलग जीवन जीने के लिए अपने टैंक में एक शार्क जोड़ने से शुरू होती है। शार्क एक जवाबदेही साथी हो सकता है, ऐसा कोई जिसपर आप भरोसा करते हैं कि वह आप पर नजर रखे और सुनिश्चित करें कि आपने जो कहा है वह कर रहे हैं। यह समय सीमा या पूर्ण होने वाले कार्यों से संबंधित छोटे दंड हो सकते हैं। यह एक वित्तीय हिट हो सकता है—उदाहरण के लिए, हर सिगरेट पीने के लिए 1,000 रुपये दान करने की प्रतिज्ञा करना। या, यह वे लोग हो सकते हैं जो आप पर निर्भर हैं, जैसे आपके बच्चे या आपके व्यवसाय में कर्मचारी।

अभ्यास

एक ऐसा क्षेत्र पहचानें जहाँ आप सबसे अधिक सहज महसूस करते हैं और जहाँ आपके पास एक निश्चित दिनचर्या है जिसे आप पसंद करते हैं। यह आपके करियर का कोई भी क्षेत्र हो सकता है, आपके वर्कआउट शेड्यूल का कुछ हिस्सा हो सकता है, पारिवारिक समय हो सकता है, या आपके सप्ताहांत की दिनचर्या हो सकती है। इसे लिखें।

अब इसके बारे में क्रिटिकली (समालोचनात्मक) रूप से सोचें। क्या आपका आराम आत्मसंतोष के रूप में योग्य है? क्या आपने खुद को आगे बढ़ाना बंद कर दिया है या नई चीजें आजमाना बंद कर दिया है?

यदि हाँ, तो दो कार्यों के बारे में सोचें और लिखें जो आपको आपकी आरामदेह स्थिति से थोड़ा आगे ले जा सकते हैं।

इन कार्यों को करने के लिए एक योजना बनाएँ।

एक जवाबदेही साथी बनाएँ और अपने लिए एक दंड निर्धारित करें। यह सुनिश्चित करने के लिए महत्वपूर्ण है कि आप योजना का पालन करते रहें।

अपने जीवन के विभिन्न क्षेत्रों में जाएँ जहाँ आप यही अभ्यास कर सकते हैं।

रिवर्स पैरानॉइया

क्या आपने कभी पैरानॉइड पर्सनैलिटी डिसऑर्डर (PPD) के बारे में सुना है? यह एक मानसिक स्थिति है जिसमें पीड़ित व्यक्ति बिना किसी कारण के हर चीज पर अविश्वास करता है। उन्हें लगता है कि हर कोई उनके खिलाफ साजिश कर रहा है।

यह बहुत आसानी से शुरू होता है। आपको लगता है कि आप किसी पर भरोसा नहीं कर सकते। फिर, उन लोगों की संख्या बढ़ती जाती है जिन पर आप भरोसा नहीं कर सकते। आप महसूस करते हैं कि वे सब आपके खिलाफ साजिश कर रहे हैं और आप धोखे के जाल में फँसे हुए हैं। आपको अकेला और फँसा हुआ महसूस होता है।

इस बात का कोई सबूत नहीं होता कि कोई आपके खिलाफ है। फिर भी, ये परिदृश्य आपके दिमाग में चलते रहते हैं। यह एक गंभीर मानसिक स्थिति बन सकती है। यह आपके प्रियजनों के लिए भी कठिन हो जाता है क्योंकि वे आपकी मदद नहीं कर सकते, क्योंकि आप उन पर विश्वास नहीं कर पाते।

हालाँकि PPD एक चिकित्सीय स्थिति है, हममें से कई पैरानॉइड विचार रखते हैं। यह इतना चरम नहीं हो सकता है, लेकिन हमारे दिमाग में कुछ पैरानॉइया (मानसिक उन्माद) तैरते रहते हैं। आप लोगों को फुसफुसाते हुए देखते हैं और सोचते हैं कि वे आपके बारे में ही बात कर रहे हैं। आपको लगता है कि आपके दोस्त आपको जानबूझकर चीजों से बाहर रख रहे हैं। लोग आपको परेशान करने की और गुस्सा दिलाने की कोशिश कर रहे हैं या वे आपकी नौकरी या व्यापार या दोस्ती को बर्बाद करने की कोशिश कर रहे हैं। यह मेरे साथ तब होता था जब मैं पार्टी में प्रवेश करता था और लोग बातें कर रहे होते थे या जब हम किसी बिजनेस डील पर चर्चा कर रहे होते थे।

ईमानदारी से कहें तो हम अक्सर जानते हैं कि इन विचारों का वास्तविकता से कोई संबंध नहीं है। फिर भी हम अक्सर अपनी शंकाओं और आधारहीन पैरानॉइया से

चिपके रहते हैं। इन विचारों के साथ जीना एक नकारात्मक मानसिकता पैदा करता है। यह एक नकारात्मक जीवन बनाता है! हम अपने आप को सभी से दूर कर लेते हैं और अकेला महसूस करते हैं। जो चीजें हमारे लिए अच्छी होती हैं, उन्हें स्वीकार नहीं करते, बल्कि उन्हें संदेह की दृष्टि से देखते हैं। ऐसा इसलिए है क्योंकि मनुष्य के रूप में हम 'नुकसान से बचने' के लिए तार्किक होते हैं जिसका अर्थ है कि हम लगातार खुद को किसी नुकसान से बचाने की कोशिश कर रहे होते हैं, चाहे वह वास्तविक हो या नहीं।

हमें अपने जीवन में जीवंत, अद्भुत चीजों के लिए स्थान बनाने की आवश्यकता है। यदि हम उस स्थान को संदेह और नकारात्मकता से भरते हैं, तो हम कभी भी उस चीज का स्वागत नहीं कर पाएँगे जो हमें खुश करती है। हम कैसे ऊपर उठ सकते हैं और खुद की मदद कर सकते हैं?

आज, मैं एक आदत साझा करना चाहता हूँ जो 'रैडिकल' है, एक ऐसी आदत जो बेहद आशावादी है। हाल ही में मैंने कुछ सीखा जिसे 'रिवर्स पैरानॉइया' कहा जाता है। इसने मेरा जीवन बदल दिया है।

जे.डी. सालिंजर ने कहा, 'मैं एक प्रकार का रिवर्स पैरानॉइक हूँ। मुझे संदेह है कि लोग मुझे खुश करने की साजिश कर रहे हैं।' यह दृष्टिकोण का एक अकल्पनीय परिवर्तन है। कल्पना कीजिए, अगर आप, लोगों को हमेशा आपकी मदद करने या आपको खुश करने की कोशिश करते हुए देख सकें! इस नए दृष्टिकोण की खासियत यह है कि आप अवसरों को अब बहुत आसानी से देखते हैं। ऐसा इसलिए क्योंकि आप मानते हैं कि वे मौजूद हैं। आप अभी भी धारणाएँ बना रहे हैं, लेकिन अब आप सिर्फ सकारात्मक धारणाएँ चुन रहे हैं।

हानि से बचने से लेकर अवसर आकर्षित करने तक! ऐसा नहीं है कि आप अचानक अवसरों को आकर्षित करते हैं। बल्कि, आप उन अवसरों को पकड़ लेते हैं जिन्हें आपने पहले नजरअंदाज कर दिया होता है क्योंकि आपको विश्वास नहीं था कि वे कहाँ से आ रहे हैं। यह वास्तव में जीवन को बदलने वाला है, और एक हैबिट कोच के रूप में, मैं चाहता हूँ कि आप भी इसका अनुभव करें।

तो, आपकी सुपर सरल आदत आपके आंतरिक संवाद को बदलने से शुरू होती है। पहले यह मजबूरी लगेगा, लेकिन कुछ ही दिनों में यह आपके लिए स्वाभाविक हो

जाएगा। जिस भी व्यक्ति से आप मिलते हैं, मानें कि वे आपकी यात्रा में आपकी मदद करने के लिए हैं। सड़क पर हर एक व्यक्ति को इस नजरिए से देखें जैसे वे आपकी मदद करने वाले हैं।

शुरुआत में यह अजीब लगेगा, लेकिन जल्द ही आप देखेंगे कि यह रिवर्स पैरानॉइया आपको अपने चारों ओर की दुनिया से कैसे जोड़ता है। आप कभी भी अकेला महसूस नहीं करेंगे और यह आपकी इंद्रियों को लोगों में अच्छाई देखने के लिए संवेदनशील बना देगा। क्या इसमें ठोकरें और बुरे क्षण होंगे? बिल्कुल। यही जीवन है! लेकिन दुनिया के प्रति आपका दृष्टिकोण बदल जाएगा, और आप उस जीवंत और अद्भुत जीवन को जीने लगेंगे जिसे आप हमेशा से चाहते थे।

अभ्यास

अगले कुछ दिनों के लिए, जब आप लोगों से मिलें—दोस्त, अजनबी, सहकर्मी या परिवार के सदस्य—तब अपने विचारों का निरीक्षण करें।

जब आप उनसे मिलते हैं, तो आपको सामान्य रूप से क्या महसूस होता है? उन्हें नीचे नोट करें।

इसके बाद, जानबूझकर सोचना शुरू करें कि जिस व्यक्ति से आप मिले, वह किसी न किसी तरह से आपकी मदद करने आया है। अपने मन को इस तरह ढालें कि वे या तो आपको किसी तरह मदद कर रहे हैं या कोई अवसर प्रदान कर रहे हैं।

प्रत्येक दिन के अंत में, लिखें कि आप किससे मिले और उनके बारे में आपके नए विचार क्या थे।

इसे दैनिक रूप से अभ्यास करते रहें। जल्द ही आप देखेंगे कि अवसर आपके पास आने लगेंगे। यह रिवर्स पैरानॉइया आपको सभी से जुड़ा हुआ महसूस कराएगा और आपके पास दुनिया के प्रति एक नया सकारात्मक दृष्टिकोण होगा!

नकारात्मक सोचना बंद करें

अंग्रेजी शब्द 'कैटास्ट्रफी' की जड़ें ग्रीक शब्द 'कटास्ट्रीफीन' में हैं। 'कैटा' का मतलब नीचे और 'स्ट्रीफीन' का मतलब मोड़ना होता है। इसलिए, 'कटास्ट्रीफीन' का शाब्दिक अर्थ है 'नीचे की ओर मोड़' या 'मुड़ना'। यह दिलचस्प नहीं है कि 'कैटास्ट्रफी' शब्द का मूल अर्थ तबाही नहीं था? यह बस अचानक बदलाव को दर्शाता है।

अब, क्योंकि अधिकांश ग्रीक नाटक त्रासदी के थे, कटास्ट्रीफीन आमतौर पर दुखद और नाटकीय होते थे। उदाहरण के लिए, आकस्मिक दुर्भाग्य से एक परिवार की मृत्यु हो जाती थी या एक नायक को हिंसक तरीके से घायल कर दिया जाता था।

जब इस शब्द को अंग्रेजी में शामिल किया गया, तो इसका मतलब सिर्फ 'कहानी के अंत में अचानक मोड़ आना' था। इसलिए, यह एक सकारात्मक मोड़ भी हो सकता था। उदाहरण के लिए, राजकुमार का सिंड्रेला को जूते की मदद से खोज लेना भी एक कैटास्ट्रफी है, पर यह एक सकारात्मक कैटास्टर्फी है।

हालाँकि, समय के साथ, 'कैटास्ट्रफी' शब्द को केवल नकारात्मक घटनाओं से जोड़ा जाने लगा। प्रेमियों की मृत्यु, एक माँ का अपने बेटे को खोना, एक सदाचारी महिला का विश्वासघात, नए शादीशुदा व्यक्ति की युद्ध में मृत्यु आदि। एक नाटक या फिल्म के हिस्से के रूप में, यह शुद्ध मनोरंजन है। यह हमें एक क्षणिक अहसास देता है कि हमारे जीवन इतने बुरे नहीं हैं!

हम उस कड़वे-मीठे अंत का आनंद लेते हैं। यह एक नाटकीय तत्व जोड़ता है और एक दिलचस्प कहानी बनाता है। कुछ अच्छा होता है और फिर कुछ बुरा होता है।

क्या आपने कभी ध्यान दिया है कि जब फिल्म में नायक के जीवन में सब कुछ पूरी तरह से सही चल रहा होता है, तो हम कभी-कभी विनाश की भविष्यवाणी करते हैं?

कुछ बुरा होने वाला है, हम अपने आप से सोचते हैं। नायक ने अभी अपनी प्रेमिका से शादी के लिए कहा है और अब वह घर जा रहा है, संगीत बज रहा है, उसके चेहरे पर मुस्कान है। हमारे दिमाग में, हम उम्मीद करते हैं कि कोई कार कहीं से आकर उसे किसी भी क्षण टक्कर मार देगी!

यह इसलिए है क्योंकि हमें यह मानने के लिए प्रोग्राम किया गया है कि सभी चीजें अंततः खराब हो जाएँगी, खासकर अगर वे वर्तमान में सुचारू रूप से चल रही हों तो। हम जो कुछ फिल्मों और कहानियों से सीखते हैं, उसे वास्तविक जीवन पर लागू करने की प्रवृत्ति रखते हैं। ऐसा करने में, हम अपने व्यक्तिगत जीवन में भी सबसे बुरा होने की उम्मीद करने लगते हैं। हम सक्रिय रूप से उन सभी चीजों को देखना शुरू कर देते हैं जो गलत हो सकती हैं। हम मानते हैं कि विनाश अनिवार्य है, भले ही हमारे जीवन में वर्तमान में सब कुछ ठीक चल रहा हो। हम सोचते हैं कि यह सब इतना अच्छा है कि सच नहीं हो सकता। हम प्लॉट ट्विस्ट, किसी दुर्घटना के होने का इंतजार करते हैं।

हमें यह अहसास करने की जरूरत है कि हम एक फिल्म या ग्रीक त्रासदी में नहीं जी रहे हैं। जो कुछ फिल्मों में होता है, वह नाटक और मनोरंजन के लिए होता है। हमारे जीवन को नाटक की जरूरत नहीं है। हमें जीवन को रोचक बनाए रखने के लिए प्लॉट ट्विस्ट की जरूरत नहीं है।

हालाँकि, हमारा दिमाग वहाँ जाता रहता है और सभी चीजों के गलत होने की संभावना सोचता रहता है। क्या होगा अगर कार खराब हो जाए? क्या होगा अगर मैं बीमार पड़ जाऊँ? क्या होगा अगर मेरी माँ इस शादी को अस्वीकार कर दे?

हम तुरंत सबसे खराब संभव परिणाम पर कूद जाते हैं जो वास्तव में बॉलीवुड-योग्य है। हम नकारात्मक परिणाम पर जोर देते हैं और यह हमारे जीवन पर कब्जा कर लेता है। सच्चाई यह है कि उन नकारात्मक परिदृश्यों में से कोई भी वास्तव में नहीं हो सकता। है। फिर भी, हम सबसे बुरे की प्रतीक्षा में रहते हैं। हम यह सोचकर अपने जीवन को बर्बाद कर देते हैं कि एक कैटास्ट्रफी (नकारात्मक अर्थ में!) होने वाली है। और भी बुरा यह है कि चिंता और व्यवहार करते हुए हम अपने आस-पास के सभी लोगों के जीवन को भी बर्बाद करना शुरू कर देते हैं, जैसे कि सब कुछ एक आपदा में बदलने वाला है।

मैं इसे 'कैटास्ट्रोफाइजिंग' कहता हूँ। यह तब होता है जब हम यह सोचकर कि चीजें वास्तविक से कहीं अधिक बदतर होंगी, चीजों को सच में वास्तविक से कहीं अधिक बदतर बना देते हैं।

कैटास्ट्रोफाइजिंग से निपटने का सबसे अच्छा तरीका है अपने आप से पूछना: क्या इसमें कोई सच्चाई है? इसके बजाय एक सकारात्मक कैटास्ट्रफी क्या हो सकती है? अगर आप एक ट्विस्ट के बारे में सोच ही रहे हैं, तो क्यों न एक सकारात्मक हो? थोड़ा अभ्यास लगेगा पर आपको इसे आदत बनाने की कोशिश करनी चाहिए, खासकर अगर आप ऐसे व्यक्ति हैं जिनके पास बहुत सारे नकारात्मक विचार हैं और केवल सबसे खराब संभव परिणामों की कल्पना करते हैं।

जब आप नकारात्मक परिणामों के बारे में सोचना बंद कर देते हैं और आश्चर्यचकित करने वाले सकारात्मक ट्विस्ट के बारे में सोचते हैं, तो आप अपने मस्तिष्क में एक बदलाव करते हैं। आपका मस्तिष्क अब नई जानकारी के लिए सकारात्मक प्रकृति की तलाश में है और आप सकारात्मक चीजों को नोटिस करना शुरू कर देते हैं जो आपके साथ होती हैं।

फिल्में और ग्रीक त्रासदियाँ कुछ ही घंटों तक चलती हैं, इसके पीछे एक कारण है। अधिक समय तक हम इन्हें संभाल नहीं पाएँगे। अपने जीवन को एक दुखद फिल्म या ग्रीक त्रासदी में न बदलें। सकारात्मक प्लॉट ट्विस्ट के बारे में सोचना कैटास्ट्रोफाइजिंग की तुलना में कहीं अधिक मजेदार है।

अभ्यास

अगली बार जब आप खुद को नकारात्मक विचारों में उलझा हुआ पाएँ, तो ध्यान से निरीक्षण करें और लिखें कि आप क्या सोच रहे हैं। अपनी आशंकाओं और सबसे बुरे संभावित परिदृश्य को नोट करें जो हो सकता है।

इसके बाद, खुद से निम्नलिखित प्रश्न पूछें और उनके उत्तर लिखें:

क्या आपके नकारात्मक विचारों में कोई सच्चाई है?

क्या आपकी आशंकाएँ तार्किक हैं?

अब, उसी स्थिति के लिए एक सकारात्मक मोड़ के बारे में सोचें। क्या इस घटनाक्रम से आपका जीवन अद्भुत हो सकता है? इसे नीचे लिखें।

मस्ती क्यूँ है जरूरी?

कभी-कभी रोजमर्रा की जिंदगी की नीरसता में हम खेल के महत्व को भूल जाते हैं। 'मस्ती' से बड़ा रोचक खेल कोई नहीं हो सकता। कोई भी अंग्रेजी शब्द इस भावना को सही ढंग से व्यक्त नहीं कर सकता। यह खेल और शरारत के बीच का एक मिश्रण है, केवल मस्ती के लिए मस्ती। यह मेरा पसंदीदा खेल है। काश हम हमेशा मस्ती की स्थिति में रह सकते। लेकिन बड़े होकर हम अपने जीवन में मस्ती करना भूल जाते हैं।

दूसरी ओर, जानवर अपने खेल के समय को बहुत गंभीरता से लेते हैं। जो लोग घर में एक से अधिक पालतू जानवर रखते हैं, वे उन्हें खेलते या नकली लड़ाई करते हुए देखते हैं। वे नियमित रूप से कूदते हैं, छिपते हैं, झपटते हैं और एक-दूसरे का पीछा करते हैं। हमें लगता है कि वे अपने कौशल का अभ्यास कर रहे हैं—कैसे शिकार करना है, लड़ाई करना है या खतरे से बचना है। दूसरी थ्योरी यह है कि जब भी वे खेलते हैं, वे अपने संबंध को मजबूत करते हैं। यह बंधन जीवन भर के लिए होता है और समर्थन का स्रोत बनता है।

तो क्या खेल जानवरों को मजबूत बनाता है? क्या यह उनके जीवनयापन के लिए आवश्यक कौशल को निखारता है? अगर ऐसा है तो वयस्क जानवर भी क्यों खेलते हैं? डॉल्फिन को खुशी से पानी से बाहर कूदते और फिर से डाइविंग करते हुए देखें। या उन व्हेल्स के बारे में सोचें जो एक-दूसरे के साथ गहरी डाइविंग प्रतियोगिताओं में हिस्सा लेती हैं। इन वयस्क जानवरों के लिए इस खेल का क्या उद्देश्य है? वैज्ञानिकों को भी इसका स्पष्ट उत्तर नहीं मिला है। यह अभी भी एक रहस्य है।

मेरा पसंदीदा वैज्ञानिक रहस्य, जो आज भी वैज्ञानिकों को उलझन में डालता है, कनाडा के हडसन बे के किनारे चर्चिल, मैनिटोबा से आता है। इसे विश्व में पोलर बीयर राजधानी के रूप में जाना जाता है। वहाँ फिल्म बना रहे दो वन्यजीव फोटोग्राफरों ने एक पोलर बीयर को एक जंजीर से बंधे स्लेज कुत्ते की ओर जाते देखा। पोलर बीयर लगातार भोजन की कमी का सामना कर रहे हैं और यह भालू स्पष्ट रूप से कुपोषित दिख रहा था। पोलर बीयर शिकारी होते हैं और स्लेज कुत्तों को खाने के लिए जाने जाते हैं।

फोटोग्राफरों ने इस दृश्य को फिल्माना शुरू कर दिया। जो हुआ वह चौंकाने वाला था। पोलर बीयर स्लेज कुत्ते के पास आया और उसके साथ खेलने लगा! दोनों जानवर खेल-खेल में कुश्ती करने लगे और एक-दूसरे को काटने लगे। कुछ देर बाद, पोलर बीयर उठकर चला गया। कुत्ते को कोई नुकसान नहीं पहुँचाया।

अब इसके पीछे क्या तर्क है कि भूखे जानवर को अपनी ऊर्जा बर्बाद करने के लिए खेलना चाहिए? स्पष्ट रूप से, खेल का वयस्क जीवन में भी एक महत्वपूर्ण कार्य है।

बचपन में हमने कई अलग-अलग खेल खेले। हमने काल्पनिक दुनिया बनाईं और कुछ समय के लिए अपनी सभी चिंताओं को भूल गए। हमने बिना किसी परवाह के हँसी मजाक किया और ऐसे नाचे जैसे कोई देख नहीं रहा हो।

बड़े होते ही क्या बदल गया? दुनिया का भार हमारे कँधों पर आ गया और हम अचानक गंभीर हो गए। सभी की अपेक्षाएँ हमें दबाने लगीं। हम अपनी व्यक्तिगत पहचान खोने लगे और इस धारणा के अनुसार व्यवहार करने लगे कि वयस्कों को कैसे व्यवहार करना चाहिए। हमारे लक्ष्य और जिम्मेदारियाँ हमारे जीवन पर हावी हो गईं। हम अपने जीवन के छोटे-छोटे पलों का आनंद लेना भूल गए।

कल्पनाओं और खेल की दुनिया के बजाय, अब जब हम भागना चाहते हैं तो अपने फोन की ओर रुख करते हैं। यह हमारे तत्काल परिवेश से हमारा ध्यान हटा देता है लेकिन इसे तनावपूर्ण समाचारों और व्हाट्सएप फॉरवर्ड की ओर मोड़ देता है। अगर ऐसा नहीं है, तो हम सोशल मीडिया पर दूसरों के मजे करते हुए स्नैपशॉट देखते रहते हैं। हम घर पर बैठकर जीवन को अपने सामने से गुजरते हुए देखकर थक जाते हैं।

लेकिन किसने कहा कि जीवन इतना नीरस होना चाहिए?

2020 के अंत में, मैंने टेलीग्राम पर एक सपोर्ट ग्रुप शुरू किया। मैंने अपने इंस्टाग्राम पर एक लिंक डाला और इसे सभी के लिए भी खुला छोड़ दिया। मैंने वह ग्रुप इसलिए बनाया क्योंकि मैंने महसूस किया कि लोग उस समय मानसिक और भावनात्मक आघात से गुजर रहे थे, और मुझे लगा कि दूसरों से बात करने से मदद मिलेगी।

लगभग सौ लोग ग्रुप में शामिल हुए और पहले दिन मैसेज का आदान-प्रदान हुआ। लोग एक-दूसरे से उनकी कुशलता के बारे में पूछ रहे थे और वे किन हालातों से गुजर रहे थे, वो साझा कर रहे थे। वे मुझसे जीवन, प्रेम और आत्म-मूल्य के बारे में सवाल पूछ रहे थे।

याद रखें, हम सभी ग्रुप में अजनबी थे। लेकिन हमने खुलकर एक-दूसरे के साथ अपने जीवन के हिस्से साझा किए। जल्द ही, बातचीत गंभीर से खुशमिजाज हो गई। लोगों ने एक-दूसरे के साथ मजाक करना शुरू कर दिया। उन्होंने खेल खेलना शुरू कर दिया। हमने एक-दूसरे के लिए कविताएँ भी लिखना शुरू कर दिया।

पूरा ग्रुप इसमें शामिल हो गया। एक ग्रुप जिसे मैंने दुःख बाँटने और बुरी खबरों को साझा करने के लिए बनाया था, अब नकारात्मकता के समुद्र में सकारात्मकता का एक द्वीप बन गया था।

ग्रुप में लोग मस्ती करने के लिए बेताब थे। उस कठिन समय में, जब केवल व्हाट्सएप संदेश ऑक्सीजन सिलेंडर के लिए मदद की गुहार और मौत की दुखद खबरें फैला रहे थे, यह छोटा सा खुशमिजाज ग्रुप आराम और सिर्फ चिल करने की जगह बन गया था।

खेल की मानवीय आवश्यकता मजबूत होती है। वास्तव में, सबसे बुरे समय में हमें इसकी अधिक आवश्यकता होती है। हमें उस राहत की आवश्यकता होती है जो मस्ती लाती है।

आपके हैबिट कोच के रूप में, मैं चाहता हूँ कि आप अपने जीवन में मस्ती को फिर से जोड़ें। मस्ती भरे हल्के-फुल्के पलों को खोजें। मजाक करें, दोस्त को छेड़ें, प्रैंक करें, बिना किसी कारण के दिल खोलकर हँसें।

अपने रोजमर्रा के कामों में मस्ती जोड़ें। साधारण कार्यों को मजेदार बनाया जा सकता है!

मस्ती के लिए दोषी महसूस न करें। याद रखें मस्ती दिन के तनाव, हमें मिलने वाली बुरी खबरों और हमारे जीवन की गंभीरता से ब्रेक के रूप में कार्य करती है।

इस सरल आदत को अपनाएं और जीवन की गंभीरता से एक ब्रेक लें। फिर मस्ती को हर दिन के कार्यों में शामिल करें। डिनर टेबल की बातचीत में मस्ती जोड़ें। अपने दैनिक कामों और यहाँ तक कि ऑफिस के काम में भी मस्ती जोड़ें। सोचें कि कुछ कैसे मजेदार बनाया जा सकता है। मस्ती को एक आदत बनाएँ और यह आपके जीवन का हिस्सा बन जाएगी।

याद रखें, वयस्क होने का मतलब यह नहीं है कि हम खेल नहीं सकते या मस्ती नहीं कर सकते!

अभ्यास

अपने जीवन के उस समय के बारे में सोचें जब आपके पास आज की जिम्मेदारियाँ नहीं थीं। उस समय में वापस जाएँ और खुद को याद दिलाएँ कि वह क्या था जो आपको खुशी देता था। क्या वह दोस्तों के साथ समय बिताना, मजाक करना और हँसना था? क्या वह दिल खोलकर नाचना था? क्या वह एक-दूसरे पर प्रैंक करना था?

कुछ चीजें लिखें जिनका आनंद आप वयस्क जीवन के आने से पहले आनंद लेते थे।

आने वाले सप्ताह में अपने जीवन में उतनी ही खुशी और मजा वापस लाने के लिए तीन कार्य करने का वादा खुद से करें। यह कुछ ऐसा नहीं होना चाहिए जो आपके व्यस्त दिन से अधिक समय ले। यह सबसे छोटा कार्य भी हो सकता है।

पहले कुछ हफ्तों तक हर सप्ताह पिछले अभ्यास को दोहराएँ जब तक कि यह न केवल एक आदत बन जाए बल्कि आपके व्यक्तित्व का हिस्सा बन जाए। रोजमर्रा के कामों में मस्ती जोड़ें। साधारण कार्य भी मजेदार बनाए जा सकते हैं!

आप एक अंडा हैं या आलू?

बेंजामिन वाडी मॉघन लंदन के एक हाउस पेंटर थे। 1868 में, उन्होंने पहले वॉटर हीटर का आविष्कार किया। उन्होंने इस अद्भुत आविष्कार को 'गीजर' नाम दिया, जो गर्म पानी के झरनों के नाम पर था। माघन के आविष्कार में ठंडे पाइपों के नीचे एक बर्नर लगाकर पानी को गर्म किया जाता था। बर्नर पाइपों से गुजरते पानी को गर्म करते थे। और बस गर्म पानी तैयार हो जाता था! उनके आविष्कार ने नॉर्वेजियन इंजीनियर एडविन रूड को एक टैंक के साथ एक वॉटर हीटर बनाने के लिए प्रेरित किया जो गर्म पानी को स्टोर कर सकता था। और बाकी जैसा कि हम कहते हैं, इतिहास है।

आजकल हम बस एक स्विच दबाते हैं और हमारे नलों से गर्म पानी निकलने लगता है। यह सोचना कठिन है कि एक समय ऐसा भी था जब यह मामला नहीं था और पानी गर्म करना एक थकाऊ और समय लेने वाला काम था। जबकि आसानी से उपलब्ध गर्म पानी हमारे जीवन को आसान बनाता है, इसे अक्सर असुविधा के रूपक के रूप में उपयोग किया जाता है। आप किसी से पूछते हैं कि वे कैसे हैं और अगर वे कहते हैं, 'आय एम इन हॉट वॉटर विद दिस न्यू डील,' तो उनका मतलब है कि उनके आस-पास की दुनिया उन्हें तनाव दे रही है। या उन पर बहुत अधिक दबाव है।

गर्म पानी में होना असुविधाजनक स्थिति में होने के बराबर है। लेकिन क्या हमेशा ऐसा ही होना चाहिए? चलिए एक छोटा सा प्रयोग करते हैं। एक बर्तन में पानी उबालने के लिए रखें। जब पानी उबलने लगे, तो उसमें एक अंडा और एक आलू डालें। उन्हें कुछ देर उबलने दें। यह एक रेसिपी की तरह लग रहा है, है न?

जब पानी थोड़ी देर तक उबल चुका हो, तो आप देखेंगे कि अंडा पहले की तुलना में कठोर हो गया है। उबलता पानी इसके टूटने की संभावना कम कर देता है। वहीं, आलू पहले से ज्यादा नरम हो जाता है। अब आप इसे मैश कर सकते हैं।

यह एक दूसरे से बेहतर है या नहीं, यह अप्रासंगिक है। क्या कठोर होना अच्छा है?

क्या नरम होना बुरा है? एक प्रोटीन है और दूसरा कार्ब है। इन सब बातों को भूल जाएँ क्योंकि इस क्षण में यह महत्वपूर्ण नहीं है।

प्रयोग का सार यह है कि दोनों चीजों को एक ही बल/परिस्थिति: गर्म पानी, के संपर्क में रखा गया। गर्म पानी आपको बनाता या बिगाड़ता नहीं है, यह बस मौजूद होता है। जो आपको बनाता या बिगाड़ता है, वह है कि आप किस चीज से बने हैं। आलू अंडा नहीं बन सकता और अंडा आलू नहीं बन सकता। लेकिन सौभाग्य से, मनुष्य बहुत बहुमुखी होते हैं। हमारे पास विकल्प बनाने की क्षमता होती है।

आप देखेंगे कि जब आप दो लोगों को एक ही बल/परिस्थिति के संपर्क में लाते हैं, तो वे अलग-अलग विकल्प चुनते हैं। यह वही विकल्प हैं जो यह निर्धारित करते हैं कि हम कठोर हैं या नरम, मजबूत हैं या कमजोर, बेहतर हैं या बदतर।

जब आपको गर्म पानी में डाला जाए, तो शिकायत करने की आदत न डालें। पानी के तापमान को बदलने की इच्छा न करें। इसके बजाय, ऐसे विकल्प बनाना सीखें जो आपको बेहतर बनाएँ। गर्म पानी का उपयोग विकास के उपकरण के रूप में करें। उदाहरण के लिए, अगर आप अत्यधिक डिमांडिंग सेल्स की नौकरी में हैं, तो आपके लक्ष्य और उनसे जुड़े दबाव आपके लिए गर्म पानी हो सकते हैं। उस दबाव का उपयोग अपने काम में बेहतर बनने के लिए करें। नई सेल्स तकनीकों और दिलचस्प प्रस्ताव पेश करने के तरीके सीखें और सेल को सुनिश्चित करें।

कभी-कभी जिसे हम कठिन समय के रूप में मानते हैं, वह वास्तव में हमारी छिपी हुई ताकतों को खोजने का अवसर होता है। दुनिया के लगभग सभी लोग जिनकी हम प्रशंसा करते हैं, अपने जीवन के किसी न किसी बिंदु पर उबलते गर्म पानी में रहे हैं। यहाँ तक कि मेरा जीवन भी उबलते पानी में भीगने के बाद बदल गया। वातावरण नहीं बदलेगा, इसलिए मैंने खुद को बदल लिया।

आपको तनावपूर्ण स्थिति का सबसे अधिक लाभ उठाने के लिए तीन आदतें अपनाने की सलाह देता हूँ।

सबसे पहले शिकायत करना बंद करें और दूसरों से अपनी तुलना करना बंद करें देना। जब आप शिकायत करना बंद कर देते हैं, तो आप जिम्मेदारी लेना शुरू कर देते हैं। और तुलना न करें, क्योंकि हम अन्य लोगों की कठिनाइयों को नहीं देख सकते हैं।

पानी पारदर्शी होता है, लेकिन केवल अपने बर्तन के उबलते पानी पर ही हमारी दृष्टि होती है!

दूसरी आदत है अपनी स्थिति को स्वीकार करना और खुद को मजबूत बनाने का प्रयास करना ताकि आप उससे बाहर निकल सकें। लगातार दर्द से लड़ने की बजाय, आपको इसके साथ काम करना सीखना चाहिए, इसके बावजूद काम करना चाहिए। हर दिन योजना की समीक्षा करें। एक बार में एक छोटा कदम उठाएँ और अपने रास्ते पर काम करें।

तीसरी आदत जो अपनानी चाहिए वह है कि चाहे चीजें कितनी भी कठिन क्यों न हों, खुद को सकारात्मक बनाए रखें। यह कठिन लग सकता है, लेकिन हमारा मानसिक स्वास्थ्य हमारी क्षमताओं का काफी हिस्सा निर्धारित करता है। यह महत्वपूर्ण है कि हम खुद का पोषण करें।

रोज, तीन चीजें लिखें जिनके लिए आप आभारी हैं। पॉडकास्ट सुनें और वीडियो देखें जो आपको खुशी और सकारात्मकता से भर दें। हर दिन सकारात्मकता को बढ़ावा देने के लिए एक काम करें।

याद रखें, दुनिया आपके सामने क्या फेंकती है यह कभी आपके नियंत्रण में नहीं होता। आप केवल यह नियंत्रित कर सकते हैं कि आप इसके साथ क्या करते हैं। आप आलू या अंडा बनने का चुनाव कर सकते हैं। आप क्या चुनेंगे?

अभ्यास

अपने जीवन की वर्तमान स्थिति की पहचान करें जहाँ आपको लगता है कि आप उबलते हुए पानी में हैं। यह कुछ भी ऐसा हो सकता है जो आपके जीवन में तनावपूर्ण, असुविधाजनक या चुनौतीपूर्ण हो।

इस स्थिति के बारे में अपने प्रमुख विचार लिखें।

जो आपने लिखा है उसे पढ़ें और देखें कि क्या आप शिकायत कर रहे हैं या किसी चीज या किसी व्यक्ति से अपनी तुलना कर रहे हैं। यदि हाँ, तो समस्या की जिम्मेदारी लें। यदि आप समस्या को तुरंत हल नहीं कर सकते हैं, तो यह जिम्मेदारी लें कि आप इस स्थिति को कैसे संभालेंगे और इसके बारे में कैसा महसूस करेंगे।

अपने विचारों पर पुनः विचार करें और पुनः लिखें।

इसके बाद, एक योजना बनाएँ कि आप कैसे मजबूत बन सकते हैं, आप कैसे अपने आप को उबलते पानी से बाहर निकाल सकते हैं। इस योजना को हर रोज देखें और इसके प्रति एक बार में एक छोटा कदम उठाएँ।

अंत में, अपने जीवन की तीन चीजें लिखें जिनके लिए आप आभारी हैं (नीचे दिए गए प्रारूप का उपयोग करें)।

यह आपके विचारों में सकारात्मक दृष्टिकोण लाएगा। अपने मन को सकारात्मकता और खुशी से भरें।

मैं आभारी हूँ--

आप दर्द को विकास का हिस्सा मानकर स्वीकार करेंगे।

फिर आप यह निर्णय ले सकते हैं कि आपको आलू बनना है या अंडा।

असंभव कुछ नहीं

असंभव कुछ भी नहीं है। समझाता हूँ कैसे। क्या आप जानते हैं कि कुछ सदियों पहले यह माना जाता था कि यदि मनुष्य 80 किलोमीटर प्रति घंटे से तेज गति से यात्रा करते हैं, तो वे मर जाएँगे? यह माना जाता था कि उस गति पर व्यक्ति साँस नहीं ले पाएगा, या उसका सिर फट जाएगा। अब हम इसे सोचकर हँसते हैं, लेकिन जब पहली बार ऐसी कार बनाई गई जो उस गति से चल सकती थी, तो लोग डर गए थे।

यह आश्चर्यजनक है कि कितनी चीजें हमें असंभव लगती थीं, जब तक कि अचानक एक दिन वे संभव नहीं हो गईं। उड़ना या साधारण बल्ब जैसी चीजें जो आज हमें पूरी तरह से साधारण लगती हैं, कभी असंभव मानी जाती थीं।

जब मैं कॉलेज में था, एक पारिवारिक मित्र ने मुझे बताया कि उन्होंने सुना है कि वैज्ञानिक ऐसे फोन पर काम कर रहे हैं जिसमें कॉल करने वाले की तस्वीर दिखाई देगी। मैंने हँसते हुए कहा कि यह असंभव है। उस समय, मैं रंगीन स्क्रीन वाले फोन की कल्पना भी नहीं कर सकता था, तस्वीरें दिखाने वाले फोन की तो बात ही छोड़िए।

लेकिन, मेरे जीवनकाल में ही, हमने ऐसे काम किए हैं जो कभी असंभव माने जाते थे। जूम मीटिंग्स जिन्हें हम आजकल नापसंद करते हैं और साधारण समझते हैं, एक समय पर केवल सबसे शानदार बोर्डरूम्स में ही दिखाई देती थीं। मुझे याद है कि मैं इन बोर्डरूम्स में गया और सोचा, *वाह, सोचो कि दुनिया भर के लोग जुड़ रहे हैं*। उन कॉल्स का हर मिनट हजार रुपये से अधिक होता था! यह पागलपन था।

सोचना भी अजीब है कि कुछ समय बाद, मैं खुद अपने फार्म से यूरोप में बैठे लोगों के लिए मीटिंग्स और वर्कशॉप्स आयोजित करूँगा। असंभव बहुत कम समय में संभव हो गया!

मैं ऐसे लोगों को जानता हूँ जो हर समय 'असंभव' शब्द का उपयोग करते हैं। यह उनकी रोजमर्रा की भाषा का हिस्सा है। मुझे इस शब्द के उपयोग से कई समस्याएँ हैं। सबसे पहले, यह कुछ भी संभव बनाने के द्वार को बंद कर देता है। मेरा मतलब है कि जब हम किसी चीज को असंभव मान लेते हैं, तो हम उसे करने की कोशिश करना बंद कर देते हैं। हम शुरू करने से पहले ही हार मान लेते हैं। सच यह है कि चीजें उतनी कठिन नहीं होतीं जितनी हम सोचते हैं, सबसे कठिन होता है पहला कदम उठाना। जैसा कि मैं हमेशा कहता हूँ, शुरू करना आधी लड़ाई से ज्यादा है।

दूसरी बात, जब हम कुछ असंभव मान लेते हैं, तो हम उसे भूल जाते हैं और किसी अन्य चीज पर ध्यान केंद्रित करते हैं। यह पूरी तरह से भुला दिया जाता है। अंत में, हम अपनी कल्पना का उपयोग करना बंद कर देते हैं। यह सबसे बड़ा अपराध है। हमारी कल्पना वह उपकरण है जिसे हम भविष्य की योजना बनाने और देखने के लिए उपयोग करते हैं। यह वह उपकरण है जिसे हम सपने देखने के लिए उपयोग करते हैं।

हर वह चीज जो कभी असंभव मानी जाती थी, लेकिन अब अस्तित्व में है, एक सपना था। एक सपना जिसे किसी ने वास्तविकता में बदल दिया। उन्होंने भविष्य को देखा और विश्वास किया कि यह संभव है। फिर, उन्होंने आवश्यक कदम उठाए और उसे साकार करने की दिशा में काम किया। भविष्य की कल्पना करने की क्षमता असंभव को संभव बनाने की कुंजी है।

इसका आपके जीवन और आपके लक्ष्यों से क्या संबंध है? आइए देखें।

हम अक्सर निष्कर्ष पर पहुँचते हैं: मैं कभी पेशेवर पेस्ट्री शेफ नहीं बन पाऊँगा। मेरे पास कभी एक मिलियन डॉलर नहीं होंगे। मेरे पास कभी एक फरारी नहीं होगी। और ऐसी ही कई बातें। हमें यह लक्ष्य असंभव लगते हैं। लेकिन सच्चाई यह है कि वे केवल इसलिए असंभव हैं क्योंकि हम अभी तक नहीं जानते कि इन्हें कैसे करना है।

यहाँ 'अभी तक' महत्वपूर्ण शब्द है। अभी, वर्तमान में, आप यह नहीं कर सकते। लेकिन कल्पना करें कि भविष्य में आप कर सकते हैं। फिर, यह पता करें कि इसे प्राप्त करने के लिए आपको क्या करना होगा। कल्पना शक्तिशाली चीज है। इसे 'असंभव' जैसे मूर्खतापूर्ण शब्द का उपयोग करके बर्बाद न करें।

तो अपने सपनों को प्राप्त करने के लिए आपकी सुपर सरल आदत होनी चाहिए, कभी भी 'असंभव' शब्द का उपयोग न करना। इसके बजाय, अपने लक्ष्यों को 'भविष्य में संभव' के रूप में संदर्भित करना शुरू करें। आप धीरे-धीरे विश्वास करने लगेंगे कि आपके लिए कुछ भी प्राप्त करना संभव है।

और अगर कुछ नहीं तो, याद रखें कि अगर टॉम क्रूज यह कर सकते हैं, तो आप भी कर सकते हैं!

अभ्यास

हाल ही में बीते कुछ दिनों में से एक ऐसी घटना को याद करें जब आपका एक सपना था जिसे पूरा करने के लिए आपने इसलिए प्रयास नहीं क्योंकि आपको लगा कि यह असंभव है। इसे नीचे लिखें।

अब उसी सपने को फिर से लिखें और उसमें 'अभी' शब्द जोड़ें और इसे नीचे लिखें।

उदाहरण के लिए, यदि आप एक महंगी डिजाइनर घड़ी खरीदना चाहते थे, तो 'यह असंभव है' कहने के बजाय यह लिखें कि 'मैंने अपनी डिजाइनर घड़ी अभी नहीं खरीदी है'।

अब अपनी कल्पना को खुला छोड़ें और कोई भी तीन तरीके लिखें जो आपके सपने को सच करने में आपकी मदद कर सकते हैं।

इस अभ्यास को जितनी बार हो सके करें। 'भविष्य में संभव' को अपनी शब्दावली का हिस्सा बनाएँ और 'असंभव' को अपने विचारों, शब्दावली और जीवन से हटा दें!

मजबूत दिमाग

क्या आप जानते हैं कि छिपकलियाँ अपने पैरों पर छोटे-छोटे बालों की मदद से दीवारों पर चढ़ सकती हैं? ये छोटे और बारीक बाल, जिन्हें सेटे कहते हैं, छिपकली को लगभग किसी भी सतह पर चढ़ने में सक्षम बनाते हैं। वे उल्टा होकर छत पर भी चल सकती हैं!

हालाँकि, एक सतह ऐसी है जिस पर छिपकलियाँ नहीं चढ़ सकतीं—वह है मनुष्य द्वारा बनाई गई टेफ्लॉन सतह। जी हाँ, वही काली कोटिंग वाली सतह जो हमारे फ्राई पैन पर होती है। टेफ्लॉन इतना चिकना होता है कि छिपकलियों के पैरों के छोटे बाल चिपक नहीं पाते। तो अब आप में से जो लोग घर पर उन छिपकलियों से डरते हैं, जानते हैं कि आपको क्या करना है।

टेफ्लॉन कोटिंग का उपयोग करें! टेफ्लॉन मूल रूप से फ्राई पैन के लिए नहीं बनाया गया था। वास्तव में, इसका उपयोग कई अन्य जगहों पर किया गया है। उदाहरण के लिए, बुलेटप्रूफ गोलियों में टेफ्लॉन का उपयोग बंदूक की बैरल को खराब होने से बचाने के लिए किया जाता है। डॉक्टरों द्वारा उपयोग की जाने वाली सूइयों को कम तकलीफदेह बनाने के लिए टेफ्लॉन से कोट किया जाता हैं। यहाँ तक कि मार्स मिशन के लिए भी टेफ्लॉन का उपयोग किया गया था!

हाल ही में, टेफ्लॉन कुकवेयर का उपयोग बंद करने के प्रयास में मैंने एक स्टेनलेस स्टील फ्राई पैन में अंडा फ्राई करने की कोशिश की। कोई फर्क नहीं पड़ता कि मैंने क्या किया, मैं अंडे को पैन से अलग नहीं कर सका। यह बस सतह से चिपक गया। धीरे-धीरे, यह जलने लगा और खिचपिच हो गया। मैंने कई अंडों के साथ कोशिश की और परिणाम वही रहा। मैं यह नहीं समझ सका कि पैन बहुत गर्म था या बहुत ठंडा। क्या पैन में तेल पर्याप्त नहीं था?

फिर मुझे पता चला कि एक साधारण पैन की सतह को थोड़ा तेल जलाकर ठीक करना होता है। खाना पकाने से पहले सतह का सही तापमान पता लगाना महत्वपूर्ण है। इसे पानी के कुछ छींटे डालकर हासिल किया जा सकता है। मैंने ऐसा किया और अंततः एक अंडा पकाने में सक्षम हुआ, जो खाने योग्य था। हालाँकि, टेफ्लॉन फ्राई पैन में पकने वाले अंडों का कोई मुकाबला नहीं था।

हमारा मन बिल्कुल स्टेनलेस स्टील फ्राई पैन की तरह है, और हमारे विचार अंडे की तरह हैं। कभी-कभी, वे हमारे दिमाग में फँस जाते हैं, भले ही हम उन्हें नहीं चाहते। वे जलने लगते हैं और गंदगी पैदा करते हैं। फिर उन्हें हटाना कठिन हो जाता है और वे जलने के निशान छोड़ देते हैं। जब हमें कोई विचार लगातार आता है जो हमें छोड़ता नहीं है, तो यह हम अधिक सोचने लगते हैं। यह तापमान बढ़ाने जैसा होता है। इससे और कुछ नहीं होता, बस विचार जल जाते हैं।

कभी-कभी हम अपने आप को अन्य चीजों में व्यस्त कर लेते हैं। विचार फिर भी हमारे दिमाग में रहते हैं। वे अभी भी फँसे रहते हैं और यदि हम उन्हें अनदेखा छोड़ देते हैं तो अंततः जलने लगते हैं, जैसे कि किसी अनदेखे फ्राई पैन में अंडा जलने लगता है।

इसके बजाय, हम अपने मन का इलाज अन्य चीजों से कर सकते हैं। ग्रैटीट्यूड प्रैक्टिस और जर्नलिंग की शुरुआत करने के लिए बेहतरीन हैं। ये दोनों आदतें हमें यह सिखाने में मदद करती हैं कि हम अपने विचारों से जुड़े न रहें। दूसरे शब्दों में, वे हमें हमारे मन का 'इलाज' करने में मदद करती हैं।

एक हैबिट कोच के रूप में, मैं चाहता हूँ कि आपका मस्तिष्क सिर्फ अच्छी तरह से परिपक्व न हो, बल्कि मैं चाहता हूँ कि आप एक टेफ्लॉन मस्तिष्क का अनुभव करें—एक ऐसा मस्तिष्क जहाँ विचार आते हैं और फिर निकल जाते हैं; जहाँ विचारों से कोई जुड़ाव नहीं होता।

यह अनासक्ति की स्थिति तब आती है जब हम ध्यान करते हैं। हम ध्यान को एक शून्यता की स्थिति, एक बिना विचारों की स्थिति मानते हैं। यह सही नहीं है। ध्यान एक ऐसी अवस्था है जहाँ विचार बिना किसी चिंता में डाले या अपने आप से हमें जोड़े, हमारे दिमाग में स्वतंत्र रूप से आते और जाते हैं। न कोई चिंता, न कोई जलन।

ध्यान करने से हमें एक टेफ्लॉन मस्तिष्क मिल सकता है। मैं चाहता हूँ कि आप ध्यान के बारे में उत्सुक हों, इस अवधारणा और प्रक्रिया के बारे में सोचें, ताकि आप उस आत्म-कार्य को शुरू कर सकें जो एक टेफ्लॉन मस्तिष्क प्राप्त करने के लिए आवश्यक है।

इस आदत को बनाने की पहली सीढ़ी एक जिज्ञासु और जाँच करने वाले मन को पोषित करना है। ध्यान के बारे में अधिक जानकारी प्राप्त करें। देखें कि इसके क्या लाभ हैं। फिर, अपने दिन में ध्यान को शामिल करना शुरू करें। ध्यान का अभ्यास करने के लिए एक निश्चित समय निर्धारित करें। उदाहरण के लिए, मैं हर दिन सुबह 6:30 बजे ध्यान करता हूँ। आप में से कुछ ने ध्यान सीखा होगा और अब ध्यान करना बंद कर दिया है। अपनी दिनचर्या में वापस आएँ और ध्यान को जीवन में अमल में लाएँ। पहले इसे एक आदत बनाएँ।

यदि आपने कभी ध्यान नहीं किया है, तो शांति से बैठकर अपने विचारों को देखने से शुरू करें। उन विचारों को नोटिस करें जो चिपकते हैं। देखें कि आप उन्हें कैसे आसानी से स्लाइड कर सकते हैं। कल्पना करें कि आप एक अंडे को या एक पैनकेक को टेफ्लॉन पैन से आसानी से स्लाइड कर रहे हैं। ध्यान के माध्यम से हर कोई एक टेफ्लॉन मन प्राप्त कर सकता है।

अभ्यास

तीन ऐसी प्रथाओं की सूची बनाएँ जो आपको अपनी मानसिकता को प्रबंधित करने में मदद कर सकती हैं। ये जर्नलिंग हो सकती हैं, नियमित ग्रैटीट्यूड प्रैक्टिस हो सकती है या कुछ और जो आपको दिन की शुरुआत से पहले केंद्रित महसूस करने में मदद करता है।

इनमें से कम से कम एक के लिए अपने सुबह के रूटीन में समय निर्धारित करें।

अब, इस सूची में ध्यान को जोड़ें और अपने सुबह के रूटीन की योजना बनाएँ। इसे नीचे लिखें।

यदि आपने पहले ध्यान किया है, तो इसे फिर से शुरू करें, भले ही यह दिन में 10 मिनट के लिए ही हो।

यदि आपने अभी ध्यान शुरू किया है, तो ध्यान करते समय खुद को विचारों को रोकने के लिए मजबूर न करें। अपने विचारों को देखें और धीरे-धीरे ध्यान करना सीखें। कल्पना करें आपके विचार फिसल रहे हैं, जैसे अंडा टेफ्लॉन पैन पर फिसलता है।

इसका अभ्यास एक महीने तक रोजाना करें, और आप महसूस करेंगे कि 'आप' आपके मन में आने वाले विचार नहीं हैं और वे सिर्फ आपके टेफ्लॉन मन में अस्थायी आगंतुक हैं!

क्या तुम सहज हो?

क्या आप जानते हैं कि मल्लखंब की उत्पत्ति भारत में लगभग 200 ईसा पूर्व हुई थी? आज इसे एक जिम्नास्टिक के रूप में देखा जाता है, जिसे पहलवान प्रदर्शन करते हैं, लेकिन वास्तव में यह एक मार्शल आर्ट था जिसे उस समय के पहलवानों और योद्धाओं द्वारा उनकी शक्ति और लचीलेपन को बढ़ाने के लिए अभ्यास किया जाता था।

मल्लखंब के कई रूप होते हैं। इसे एक रस्सी पर प्रदर्शित किया जा सकता है जिसे छत से लटकाया जाता है, या फिर एक बड़े लकड़ी के खंभे पर जो 8.5 फीट ऊँचा ठोस खंभा होता है। मल्लखंब के अन्य कई रूप भी हैं। पहलवान अपनी पकड़ को मजबूत करने के लिए मल्लखंब तकनीकों का उपयोग करते थे। हाल ही में, मल्लखंब को विश्व प्रसिद्ध सर्क डू सोलेल में एक एक्ट के रूप में जोड़ा गया है। यह हमारे अपने भारतीय मल्लखंब मास्टर्स द्वारा प्रदर्शित किया जाता है।

अब तो मल्लखंब विश्व चैम्पियनशिप भी होने लगी है। पिछली चैम्पियनशिप बुडापेस्ट में हुई थी और अगली अमेरिका में होगी। मुझे हैरानी हुई कि यह प्राचीन मार्शल आर्ट धीरे-धीरे कितनी प्रमुख हो रही है।

हाल ही में, जब एक हार्डकोर लेग वर्कआउट करने के लिए उत्साहित होकर मैं जिम गया तो रिसेप्शन पर मौजूद लोगों ने मुझसे मल्लखंब क्लास लेने को कहा। लगभग चार साल पहले मैंने अपनी पहली मल्लखंब क्लास ली। मुझे धुँधला सा याद है कि मुझे मजा आया था और इसलिए मैंने इसे फिर से करने का निर्णय किया।

क्लास बढ़िया चल रही थी। हमारे दो प्रशिक्षक थे: एक महिला जो नौ वर्षों से यह कर रही थी और एक पुरुष जो ग्यारह वर्षों से इसे कर रहा था। जो कुछ वे करते थे, वह सब आसान और सहज दिखता था। सब कुछ ठीक चल रहा था जब तक कि मैं खंभे पर नहीं गया। यह कठिन था!

विशेष रूप से एक मुद्रा में मुझे कठिनाई हुई जहाँ मुझे खंभे की ओर खड़े होकर झुकना था, अपना सिर जमीन पर लगाना था और खंभे को पीछे से अपने हाथों से पकड़ना था। मेरे लचीलेपन के साथ यह संभव नहीं था।

एक अन्य छात्र ने वही मुद्रा करने की कोशिश की। वह उस स्थिति में पहुँचने में सक्षम थी। फिर प्रशिक्षक ने कुछ कहा जिसने मेरा दिमाग हिला दिया... उन्होंने उससे पूछा, "क्या आप ठीक हैं?" ठीक? कैसे कोई इस स्थिति में ठीक हो सकता है? वह आसानी से मानवजाति के लिए सबसे अप्राकृतिक, असुविधाजनक स्थिति थी। लेकिन फिर उन्होंने कहा, "हम सभी के लिए यह शुरुआत में कठिन था। लेकिन अब यह सामान्य है।"

और यही कुंजी है।

जब हम कुछ नया शुरू करते हैं, तो यह अक्सर असुविधाजनक होता है। हर नई आदत को अपनाना कठिन होता है। आप सोचते हैं कि अन्य लोग इसे कैसे करते हैं। कुछ बहुत ही आसान सा लें, जैसे जल्दी जागना। हम में से कई लोगों के लिए, यह आसान है। फिर भी दूसरों के लिए, सुबह जल्दी उठना असुविधाजनक—नहीं, असंभव—लगता है। वही व्यायाम या इंटरमिटेंट फास्टिंग के साथ है। हम देखते हैं और सोचते हैं कि अन्य लोग इसे इतनी आसानी से कैसे करते हैं।

आपके हैबिट कोच के रूप में, मैं आपको एक रहस्य बताना चाहता हूँ—यह शुरुआत में सभी के लिए कठिन होता है। जब वे शुरू करते हैं तो किसी के लिए यह आसान या आरामदायक नहीं होता है। लेकिन वे लगे रहते हैं और एक समय के बाद, नियमित रूप से करने पर 'कठिन' आदत लगभग स्वाभाविक हो जाती है और व्यक्ति इसे आराम से करता है।

मैं चाहता हूँ कि आप समझें कि जब आप असहज होते हैं, तो इसका मतलब है कि आप सही रास्ते पर हैं। आपको उस चरण को पार करना होगा और एक आरामदायक स्थान तक पहुँचना होगा। यह सभी नई आदतों पर लागू होता है जिन्हें आप अपने जीवन का हिस्सा बनाना चाहते हैं। लगे रहें और जादू के होने का इंतजार करें।

अभ्यास

एक आदत लिखें जिसे आपने कुछ समय के लिए अपनाने की कोशिश की, लेकिन मुश्किल लगी और बीच में ही छोड़ दी।

खुद को चुनौती दें कि अगले तीस दिनों तक इसे अपनाना है। इस आदत को अपनाने के लिए अपना मिशन स्टेटमेंट लिखें।

एक हैबिट ट्रैकर का उपयोग करें और उन दिनों पर जब आपने अपना टास्क पूरा किया तो उसके सामने एक बड़ा टिक या खुश होने वाला स्माइली फेस बनाएँ।

उन दिनों के लिए एक प्लान बी बनाएँ जब आपको टास्क पूरा करना कठिन लगे।

उदाहरण के लिए, यदि आपकी आदत जिम जाना और वेट्स उठाना है, तो जिन दिनों में आपको यह करना मुश्किल लगे, उन दिनों के लिए एक्सरसाइज के छोटे-छोटे सेट्स बनाएँ।

जब भी आप आदत का पालन करने में असहज महसूस करें, इस अभ्यास पर वापस आएँ, और अपना मिशन स्टेटमेंट और प्लान बी पढ़ें। जल्द ही, आप पुल पार कर जाएँगे और दूसरी तरफ पहुँच जाएँगे जहाँ यह आदत आपका हिस्सा बन चुकी होगी।

व्यस्त रहना

क्या आपने 'बाईजिनेस' (bisignes) शब्द के बारे में सुना है? यह नॉर्थम्ब्रियन शब्द है जिसका अर्थ है सावधान, चिंतित या व्यस्त होना। वास्तव में, यही शब्द 'बिजनेस' (business) का मूल है—चीजों में व्यस्त या मशगूल होने की स्थिति।

हम अक्सर मानते हैं कि बिजनेस चलाना लगातार व्यस्त रहने का काम है। यहाँ-वहाँ दौड़ना और 35,000 चीजों से निपटना। आपके पास किसी चीज के लिए समय नहीं होता। आपको हमेशा लगता है कि आपको टू-डू लिस्ट के साथ चलना है। और यह केवल बिजनेस के लिए ही नहीं, हमें अपने नौकरियों में भी ऐसा ही महसूस होता है।

हालाँकि, यहाँ मैं इसके बारे में बात नहीं करना चाहता।

इसके बजाय मैं 'बिजीनेस' मानसिकता पर बात करना चाहता हूँ। यह वह मानसिकता है जिसमें लोग महसूस करते हैं कि उन्हें हमेशा कुछ न कुछ करना चाहिए। व्यस्त होने का अहसास उन्हें महसूस कराता है कि वे कुछ मूल्यवान कर रहे हैं। उनका आत्म-मूल्य उनकी व्यस्तता से जुड़ा होता है। मेरे कई क्लाइंट्स इस मानसिकता में विश्वास रखते हैं। मेरे दृष्टिकोण से, इसके तीन बड़े मुद्दे हैं।

पहला, इस बिजीनेस मानसिकता से पीड़ित लोग आराम नहीं कर सकते। वे हमेशा चीजों के पीछे भागते रहते हैं और उन्हें शांति का कोई अहसास नहीं होता। उनके आस-पास होना एक तूफान में फँसने जैसा लगता है। आपकी भी शांति खतरे में पड़ जाती है। अधिक महत्वपूर्ण यह है कि उनकी अपनी आंतरिक शांति भंग हो जाती है और इसलिए वे शांत होने में बहुत कठिनाई महसूस करते हैं।

बिजीनेस मानसिकता के साथ दूसरी बड़ी चिंता यह है कि जो लोग इससे ग्रस्त हैं, वे निरंतर समस्याओं को हल करने के लिए खोजते हैं। उन्हें व्यस्त रहने के लिए कोई आपदा या विकर्षण की आवश्यकता होती है। अपने आप से पूछें: क्या यह मेरी तरह

लगता है? अगर हाँ, तो मैं चाहता हूँ कि आप और भी अधिक सतर्क हो जाएँ कि आगे जो हो सकता है, वह है आत्म-विनाश।

इस अवस्था में, आप जानबूझकर ऐसे काम करते हैं जो भविष्य में समस्याओं का कारण बन सकते हैं। आप चीजों को अधूरा छोड़ देते हैं ताकि आपके पास कुछ ऐसा हो जो आपको व्यस्त रख सके। या आप बहुत अधिक काम ले लेते हैं ताकि आपको व्यस्त रहने का अहसास हो सके।

बिजीनेस मानसिकता का अंतिम मुद्दा यह है कि यह अंततः आपके स्वास्थ्य को प्रभावित करना शुरू कर देती है। आपकी नींद का चक्र प्रभावित होता है। आप खुद ही सभी प्रकार की जीवनशैली से संबंधित बीमारियों को न्योता देते हैं। और यह सब आपकी रोग प्रतिरोधक क्षमता में गिरावट लाता है।

हर समय व्यस्त रहने से खुद को रोकने के लिए, सबसे पहले मैं चाहता हूँ कि आप जानें कि क्या आप बिजीनेस मानसिकता के हैं। क्या यह कुछ ऐसा है जिससे आप लगातार व्यस्त रहते हैं? कुछ जानना और स्वीकार करना हमेशा बदलाव का पहला कदम होता है।

अगली बात यह है कि अपने जीवन से सभी समय बर्बाद करने वाली अनुपयोगी चीजों को निकालें। चीजें जो आपको व्यस्त रखती हैं लेकिन आपके जीवन की गुणवत्ता में किसी भी तरह से सुधार नहीं करती हैं, उन्हें निकाला जाना चाहिए। आपको इन चीजों को अपने जीवन से काटने के लिए निर्दयी होना पड़ेगा। उन्होंने आपको किसी न किसी समय महत्वपूर्ण और व्यस्त महसूस कराया है, और ये आवश्यक लगेंगी। लेकिन याद रखें, आपको यह करना ही होगा।

व्यस्त गतिविधियाँ दलदल की तरह होती हैं, वे आपको खींच सकती हैं और निगल सकती हैं। दलदल में कदम न रखें! व्यस्तता को दूर रखें और इसके बजाय उन गतिविधियों पर ध्यान केंद्रित करें जो वास्तविक उत्पादकता की ओर ले जाती हैं।

आपकी सुपर सरल आदत यह जानने से शुरू होती है कि आपको व्यस्त रखने वाली चीजें क्या हैं। अगला कदम इन गतिविधियों से छुटकारा पाना है। अपना आत्म-मूल्य उनसे न जोड़ें। इसके बजाय, खुद से पूछने की आदत डालें: क्या यह उपयोगी व्यस्तता है या अनुपयोगी व्यस्तता? आप देखेंगे कि अधिकांश अनुपयोगी होंगी।

अपने जीवन में स्वतंत्रता और शांति की भावना वापस लाएँ।

अभ्यास

अपनी दिनचर्या से पाँच ऐसी चीजें लिखें जो आपका ज्यादातर समय लेती हैं।

अब विश्लेषण करें कि इनमें से कौन सी चीजें आपकी सेहत, जीवन की गुणवत्ता, या आय में योगदान नहीं दे रही हैं। इनको अपनी सूची से हटा दें। नीचे एक नई सूची लिखें।

इसके बाद, अपने दिन की पाँच ऐसी गतिविधियाँ (बड़ी या छोटी) लिखें जो आपको व्यस्त रखती हैं।

अपने आप से पूछें कि इनमें से कौन सी उपयोगी 'व्यस्तता' या अनुपयोगी 'व्यस्तता' में योगदान देती हैं।

जो चीजें अनुपयोगी 'व्यस्तता' में योगदान देती हैं, उन्हें हटा दें। नीचे नई सूची लिखें।

सुनिश्चित करें कि आप ऐसा कोई काम न करें जो इन सूचियों में नहीं है। अपने समय को सही जगह लगाएँ।

जीवन में अपने समय और स्वतंत्रता की बागडोर फिर से अपने हाथ में ले लें!

या तो सबसे पहले या सबसे आखिरी

क्या आप जानते हैं कि सबसे पुरानी दर्ज की गई भगदड़ 66 में हुई थी? नहीं, 1966 नहीं, बल्कि 66 ईस्वी में। यह तब हुआ जब एक रोमन सैनिक ने पासओवर के दिन मंदिर की ओर जा रहे यहूदी तीर्थयात्रियों को उकसाने का फैसला किया। उसने अपने निचले भाग की तरफ इशारा करके अभद्र टिप्पणियाँ कीं। उसके अश्लील शब्दों से यहूदी युवाओं का गुस्सा भड़क गया, उनमें से कुछ ने पत्थर उठाकर उस पर फेंके।

रोमनों ने अतिरिक्त सैन्य बल बुलाया और इससे यहूदियों के बीच दहशत फैल गई, और उन्होंने इधर-उधर भागना शुरू कर दिया। इस भगदड़ में दस हजार यहूदियों की मौत हो गई। वे पैरों तले कुचलकर मर गए। यह अविश्वसनीय है कि इतिहास की सबसे घातक भगदड़ एक सैनिक की अश्लील हरकत की वजह से हुई।

एक और निराशाजनक तथ्य यह है कि भारत में सबसे अधिक यानी छब्बीस महत्वपूर्ण भगदड़ की घटनाएँ हुई हैं। निश्चित रूप से इसका एक कारण हमारी बड़ी जनसंख्या है, लेकिन उसके साथ एक कारण और भी है—भेड़चाल की मानसिकता।

झुंड में रहने वाले जानवरों के बीच भगदड़ बहुत आम है। जब उनमें से एक भागता है, तो वे सभी एक साथ भागने लगते हैं। आप कभी भी शेरों या बाघों के बीच भगदड़ की घटना नहीं सुनेंगे। हालाँकि वे झुंड में शिकार करते हैं पर वे 'हर्ड सिस्टम' (भीड़ प्रणाली) का पालन नहीं करते।

हर्ड सिस्टम संख्या में सुरक्षा के सिद्धांत पर आधारित है। जितने अधिक जानवर झुंड में होते हैं, वे उतने ही सुरक्षित होते हैं। यह इसलिए है क्योंकि देखने के लिए अधिक आँखें होती हैं, सुनने के लिए अधिक कान होते हैं और आने वाले खतरे

को सूंघने के लिए अधिक नाक होती हैं। इसके अलावा, यदि आप झुंड के बीच में हैं, तो आप सुरक्षित हैं, क्योंकि हमले के दौरान बाघ के आपके पास पहुँचने की संभावना नगण्य होती है।

कहीं न कहीं, मनुष्यों ने भी खुद को झुंड में रहने वाले जानवर मानना शुरू कर दिया। हमने भीड़ में सुरक्षित महसूस करना शुरू कर दिया। हमने वही किया जो हर कोई कर रहा था, इस गलत धारणा के साथ कि इससे हमें सुरक्षा मिलेगी।

हालाँकि, सामाजिक जानवरों और झुंड में रहने वाले जानवरों के बीच बड़ा अंतर है। मनुष्य सामाजिक जानवर है। हमें लोगों के साथ बातचीत करने की जरूरत होती है। हम सब समान नहीं हैं। हमें उन क्षेत्रों में दूसरों की मदद की जरूरत होती है जहाँ हम कमी महसूस करते हैं और बदले में हम उन क्षेत्रों में उनकी सहायता करते हैं जहाँ उन्हें हमारी जरूरत होती है। सामाजिक जानवर मौलिक सोच को समझते हैं; यह हमारी बातचीत का एक बड़ा हिस्सा है और समस्या के समाधान में मदद करता है। हम झुंड में रहने वाले प्राणी नहीं हैं।

झुंड का पालन करने की समस्या यह है कि कुछ अलग सोचने की कोई जगह नहीं होती। हमारा अपने भाग्य पर कोई नियंत्रण नहीं होता। वास्तव में, हम अपनी इच्छाओं को दूसरों के हाथ में दे देते हैं—जो वे करते हैं, वही हम भी करते हैं। हम आँख बंद करके अनुसरण करते जाते हैं। यही झुंड का नियम है।

अगर आप इस व्यवहार का प्रमाण चाहते हैं, तो ऑनलाइन देखें कि कैसे भेड़ों के झुंड चट्टान से गिर रहे हैं। यह आश्चर्यजनक रूप से आम बात है। एक वीडियो में, घबराया हुआ गड़रिया देख रहा है कि एक भेड़ चट्टान से कूदी और बाकी बस उसका अनुसरण कर रही हैं।

यह बहुत दुखद है और यह इंगित करता है कि भेड़चाल की मानसिकता कितनी भयावह हो सकती है। कभी-कभी हमें अहसास भी नहीं होता कि हम भी इस मानसिकता में फँस जाते हैं और बिना सोचे-समझे काम करते हैं।

प्रमाण चाहिए? सोचें कि हम हवाई जहाज में चढ़ने के लिए कैसे कतार में लग जाते हैं। हम कतार में खड़े होने के लिए दौड़ पड़ते हैं जबकि हम सभी जानते हैं कि हवाई

जहाज हमारे बिना नहीं जाएगा। हम जानते हैं कि चढ़ने का एक क्रम होता है और फिर भी हम खुद को रोक नहीं पाते।

जब मैंने अपनी कंपनी में काम शुरू किया था, तब मैंने बहुत यात्रा की। मैं हफ्ते में करीब चार फ्लाइट्स लेता था। तभी मुझे पहली बार यह अहसास हुआ कि यात्री कितने अजीब तरह से व्यवहार कर रहे थे, और बिना किसी उचित कारण के सिर्फ झुंड का अनुसरण कर रहे थे। मैंने एक आदत बनाई जिसे मैं आपके साथ साझा करना चाहता हूँ।

मैंने तय किया कि मैं किसी भी स्थिति में या तो पहला या आखिरी होऊँगा, लेकिन कभी भी बीच में नहीं। इसका मतलब हो सकता है लाइन में सबसे पहले होना या हवाई जहाज में चढ़ने वाला आखिरी व्यक्ति होना। प्रतियोगिता में पहला या प्रतियोगिता में आखिरी ... आप समझ गए।

उदाहरण के लिए, मैं पहला हैबिट कोच हूँ। जब मैंने शुरू किया, तब हैबिट कोच जैसा कोई नहीं था। मैंने इस श्रेणी का निर्माण किया। किसी चीज में पहले होना आपको निर्णय लेने की शक्ति देता है। आपके पास चुनाव करने और लीडर बनने की शक्ति होती है।

आप मानेंगे नहीं लेकिन किसी चीज में आखिरी होने के भी कुछ फायदे हैं। यह दूसरों की गलतियों से सीखने का मौका देता है। उदाहरण के लिए, एक बार मैं एक ट्रेक पर गया जहाँ हमें नदी पार करनी थी। मैंने तय किया कि मैं आखिरी जाऊँगा ताकि देख सकूँ कि हर कोई कहाँ अपने पैर रख रहा है। अंत में, मुझे यह अच्छी तरह से पता चल गया था कि कौन-सा पत्थर सरक सकता था और किस पर मैं फिसल सकता था।

पहला होना मौलिक होना है। आप नियम बनाते हैं। आखिरी होना भी सही है, क्योंकि आप दूसरों की गलतियों से सीखते हैं। बीच में होना, बस झुंड का हिस्सा होना, प्रेरणादायक नहीं होता है। आप अपनी शक्ति क्यों बर्बाद करें जब आप इसका प्रयोग करके और बेहतर कर सकते हैं?

आपकी सरल आदत 'हर्ड मेंटेलिटी' से बाहर कदम रखने से शुरू होती है। अगर हर कोई कुछ कर रहा है, तो रुकें और प्रश्न करें। जब कोई स्थिति सामने आती है तो पहला या आखिरी होने का चुनाव करें। कोई भी बीच में रहने वाले व्यक्ति को याद नहीं रखता। ज्यादातर तो वह व्यक्ति सिर्फ अपने से आगे वाले का अनुसरण करता है; वह कुछ भी उल्लेखनीय नहीं करता। अगर आप एक अद्भुत जीवन चाहते हैं, तो आपको झुंड से अलग होना होगा।

बीच में फँसकर कभी कुछ अच्छा नहीं होता।

अभ्यास

इस अभ्यास का उद्देश्य आपके मन को झुंड वाली मानसिकता से बाहर निकालने के लिए प्रशिक्षित करना है।

तो जब आपके पास कोई नया विचार, या अन्वेषण परियोजना होती है तो इन प्रश्नों के उत्तर लिखें।

क्या यह आपके या आपकी प्रतिभाओं के लिए कुछ ऐसा है जो अनूठा और खास है? कैसे?

क्या आप इसमें पूरी तरह से विश्वास करते हैं? क्यों या क्यों नहीं?

क्या आप सफलता के रास्ते में कुछ असफलताओं का सामना करने के लिए तैयार हैं?

इन प्रश्नों का उद्देश्य आपके विचार को परखना है। यह आपके मन को सुरक्षित रहने से दूर जाने के लिए प्रशिक्षित करना है। सुरक्षित रहना सबसे आसान विकल्प है और इसलिए इसमें कोई विशेष योग्यता नहीं होती।

अगली बार, जब भी कोई ग्रुप एक्टिविटी हो, तो इन प्रश्नों को पूछें और अपनी स्थिति को युक्तिपूर्वक चुनें।

क्या आप इसे सबसे पहले करना चाहते हैं? पहले करने का जोखिम और इनाम लेना चाहते हैं?

या

क्या आप दूसरों को देखकर सीखना, अपनी चाल की योजना बनाना और फिर आगे बढ़ना चाहते हैं?

ध्यान दें, मैंने कभी बीच का उल्लेख नहीं किया। ऐसा इसलिए है क्योंकि अब से किसी भी गतिविधि या किसी भी प्रयास में आपको उस समय के अनुसार पहले या अंतिम का चयन करना होगा जो आपके लिए सही है। आपको सुरक्षित रहने से दूर जाना होगा। मध्य में होना एक बेनामी व्यक्ति होना है। तो उसे झुंड के लिए छोड़ दें और आगे बढ़ें!

कॉपीकैट

किसने यह सोचा होगा कि गठिया के कारण फोटोकॉपी मशीन का आविष्कार हुआ था? चकरा गए न? चलिए मैं बताता हूँ। चेस्टर कार्लसन एक भौतिक विज्ञानी, आविष्कारक और पेटेंट वकील थे। उन्होंने 1938 में जेरोग्राफी, फोटोकॉपी विज्ञान का आविष्कार किया। उस समय वे गंभीर गठिया से पीड़ित थे।

गठिया के कारण कार्लसन के लिए सब कुछ हाथ से फिर से लिखना मुश्किल हो गया था। वे एक साथ कई प्रतियों को आसानी से बनाने का समाधान ढूँढ़ना चाहते थे। 1942 में उन्होंने अपने आविष्कार के लिए पेटेंट प्राप्त किया, जिसे उन्होंने शुरू में इलेक्ट्रोफोटोग्राफी कहा।

हम निश्चित रूप से इस प्रक्रिया को जेरॉक्स के नाम से जानते हैं, जो वास्तव में वह कंपनी थी जिसने इन फोटोकॉपी मशीनों को विकसित किया और बेचा। उनका पहला मॉडल विशाल था और आधे कमरे को घेर लेता था। इतना ही नहीं, अगर उस पर बहुत सारी प्रतियाँ एक के बाद एक प्रिंट करते थे, तो वह आग पकड़ लेता था। आपको जानकर हैरानी होगी कि पहले जेरॉक्स मशीनों के साथ एक अग्निशामक यंत्र भी दिया जाता था!

जब से फोटोकॉपी मशीन का आविष्कार हुआ, लोग मजे-मजे में इसे अपने शरीर के अंगों को स्कैन करने के लिए इस्तेमाल कर रहे हैं—हाथ, चेहरा, नितंब (butts) और पता नहीं क्या-क्या। फोटोकॉपी मशीनों की मरम्मत के खर्च का 20 प्रतिशत हिस्सा काँच के टूटने के कारण आता है क्योंकि लोग अपने नितंबों को स्कैन करने के चक्कर में उस पर बैठ जाते हैं। यह ट्रेंड है!

इससे मैं उस बात पर आना चाहता हूँ जो मैं वास्तव में कहना चाहता हूँ। पिछले कुछ वर्षों में, मैंने एक अजीब चीज देखी है जो हर जगह हो रही है। जैसे ही कुछ

'ट्रेंड' करने लगता है, कुछ हद तक बिना सोचे-समझे हम तुरंत उसे कॉपी करने की कोशिश करते हैं।

यह निश्चित रूप से कोई नई घटना नहीं है। इंटरनेट और सोशल मीडिया के हमारे जीवन पर हावी होने से पहले, ट्रेंड हमारे पहने हुए कपड़ों के बारे में थे। जब मेरे माता-पिता कॉलेज में थे तब बेल बॉटम्स ट्रेंड में थे और फिर जब मैं कॉलेज में था तब भी। चमकीले-चमकीले कपड़े भी ट्रेंड में थे। अभी, यह हाई-वेस्टेड पैंट्स और बैगी जीन्स हैं। ध्यान दें कि हर कोई एक जैसा दिखता है!

जब हम एक ट्रेंड का पालन करते हैं, तो हम मूल रूप से वह कॉपी कर रहे होते हैं जो किसी और ने पहले ही किया है। हम आँख बंद करके कुछ ऐसा अनुसरण कर रहे हैं जिसे किसी और ने खोजा या बनाया है। यह किसी और की मौलिक सोच है जिस पर हम सवारी कर रहे हैं।

आज सोशल मीडिया पर, इस नकल के विचार के दो बड़े तरीके हैं। पहला है लोगों के ज्ञान को लगभग शब्दशः कॉपी करना और उसे अपना बताना। कुछ मौलिक को पुनः पैकेज करना और उसे अपना बताना बहुत आसान है। एक विचार जो संभवतः किसी और ने अपने जीवन के महीनों शोध और समझने में लगाया, तीन मिनट में कॉपी किया जा सकता है।

चलो कुछ समय के लिए इसे करने के पीछे की नैतिकता को अलग रखते हैं, क्योंकि नैतिकता व्यक्तिगत होती है।

मैं उस अन्याय पर ध्यान केंद्रित करना चाहता हूँ जो हम खुद के साथ नकल करके करते हैं। मुझे याद है एक छात्र के रूप में मैं स्कूल में अपने दोस्त फरशीद से सभी नोट्स लेता था और उन्हें फोटोकॉपी करवाता था। वह कक्षा में मेहनत करके चीजें लिखता था। वह घर जाकर पाठ्यपुस्तकों से नोट्स बनाता था और मैं बस अँधाधुंध फोटोकॉपी कर लेता था। कॉलेज में मैंने अपनी दोस्त पूर्णा से कॉपी किया और अपने एमबीए के दौरान कमलेश से। उन्होंने मेहनत की और मैंने नकल की। नतीजा ये हुआ वे हमेशा क्लास के शीर्ष दस में होते थे और मैं नीचे के दस में।

आप देख सकते हैं कि नोट्स बनाने की प्रक्रिया में उन्होंने सामग्री को समझा जबकि मैं बस नकल कर रहा था। और इसी वजह से मैं कभी भी एक अच्छा छात्र नहीं बना।

मैं कभी भी उन चीजों में सुधार नहीं कर सका जिनकी मैंने नकल की। आखिरकार, यह वही मेहनत है जो आपको अंततः वापस मिलती है।

बहुत सारे लोग अब ऑनलाइन मुफ्त सलाह दे रहे हैं—पोषण, व्यायाम, वित्त या व्यवसाय—बिना उन चीजों का अध्ययन किए, या उस विषय पर एक भी शोध पढ़े बिना। यह न केवल जानकारी का उपभोग करने वाले लोगों के लिए खतरनाक है, बल्कि यह उस व्यक्ति के लिए भी हानिकारक है जिसने बस कहीं से जानकारी की नकल की है और उसे दोहरा रहा है।

इसी तरह मुझे इंस्टाग्राम पर जिस तरह से रील्स ट्रेंड होती हैं, वह तरीका थोड़ा परेशान करता है। एक व्यक्ति अपनी आवाज, अपने पसंदीदा संगीत, अपनी कोरियोग्राफी के साथ कुछ नया बनाता है। फिर हम बस अँधाधुंध उसकी नकल करते हैं। बेशक, हम इसमें अपनी छोटी सी तोड़-मोड़ कर सकते हैं, लेकिन आपने कुछ ऐसा नहीं बनाया जो विशिष्ट रूप से आपका हो।

जब हम बिना सोचे-समझे ट्रेंड का अनुसरण करते हैं, तो हम अपनी खुद की रचनात्मक अभिव्यक्ति को बंद कर रहे होते हैं। हम भेड़चाल का हिस्सा बन जाते हैं और अपनी रचनात्मकता खो रहे होते हैं। आप देखेंगे कि ऑनलाइन वे लोग अच्छा कर रहे हैं जो अपना खुद का कॉन्टेंट बना रहे हैं। आज जिस तरह से रील्स हैं, वे बस हमें दूसरों की नकल करना सिखा रही हैं।

तो आपकी सरल आदत प्रेरणा और नकल के बीच का अंतर समझने से शुरू होती है। प्रेरणा तब होती है जब आप कुछ मौलिक देखते हैं और उसके एक पहलू का उपयोग करके अपने लिए कुछ नया और अद्भुत बनाते हैं। नकल तब होती है जब आप किसी चीज का 90 प्रतिशत ले लेते हैं और उसे थोड़ा सा बदलते हैं।

कोई भी चीज जो आप करते हैं, उसमें अपने आप से पूछने की आदत बनाएँ: यह नकल है या प्रेरणा?

आपके हैबिट कोच के रूप में, मैं चाहता हूँ कि आप यह महसूस करें कि दुनिया सपने देखने वालों, मौलिक विचारकों और रचनाकारों की है। देखें कि आप वास्तव में रचनात्मक बनने के लिए कड़ी मेहनत कैसे कर सकते हैं बजाय इसके कि आप नकल करें। कुछ नया करने पर ध्यान दें।

अभ्यास

अगली बार जब भी आपके पास कोई विचार आए, उसे लागू करने से पहले अपने आप से ये प्रश्न पूछें:

क्या आपका विचार पूरी तरह से मौलिक है?

यदि नहीं, तो क्या यह वास्तव में प्रेरित है या केवल नकल किया गया है?

क्या आप इसे एक ट्रेंड के लिए कर रहे हैं?

यदि आपका विचार झुंड की सोच का पालन करता हुआ प्रतीत होता है, तो अपने आप से पूछें, इसका कौन सा पहलू आपको सबसे अधिक पसंद है?

आप उस पहलू को कैसे ले सकते हैं, कड़ी मेहनत कर सकते हैं, अपनी रचनात्मकता को इसमें जोड़ सकते हैं और इसे पूरी तरह से अपना बना सकते हैं?

हर बार जब भी आपके पास कोई विचार आए, इस अभ्यास को करें और जल्द ही आपकी रचनात्मकता दिखने लगेगी। आप महसूस करेंगे कि मौलिकता कभी भी फैशन से बाहर नहीं होती!

क्या हो अगर?

भारत या अमेरिका में चलते हुए झटपट खाने की आदत हो चुकी है। वास्तव में, टेक-अवे फास्ट फूड खुद में एक पूरी उपसंस्कृति है। यह हमारे व्यस्त जीवन का एक संकेत है कि हम भोजन को कुछ ऐसा मानते हैं जिसे हमें बस निपटाना है। मीटिंग में जाते हुए एक रोल या सैंडविच रास्ते में खा लिया और हमारा खाना हो गया।

हालाँकि, जब मैं जापान गया, तो मैंने देखा कि अगर आप सड़क किनारे कहीं खाना खरीदते हैं तो आपको पास में ही खड़े होकर उसे खत्म करना होगा और तभी आप आगे बढ़ सकते हैं। जापान में चलते हुए खाना खाने को असभ्य माना जाता है और शायद ही आप लोगों को ऐसा करते देखेंगे। जब तक कि आप ओसाका की किसी पर्यटकों से भरी खाऊ गली में न हों।

इटली में भी यही स्थिति है; चलते समय खाना खाने को असभ्य माना जाता है। इसे उस प्रयास के प्रति असम्मानजनक माना जाता है जो भोजन को पकाने में लगाया गया है। यहाँ तक कि सामग्री के प्रति भी असम्मानजनक माना जाता है। सोच कर देखिए, आप भोजन का आनंद नहीं ले सकते अगर आप यह चिंता कर रहे हैं कि आपको आगे कहाँ जाना है!

इतालवी और जापानी अपने भोजन पर गर्व करते हैं। कोई आश्चर्य नहीं कि दोनों देश अपने अद्वितीय स्वाद और व्यंजनों के लिए जाने जाते हैं। इसी संदर्भ में, मैं कुछ ऐसा साझा करना चाहता हूँ जो हाल ही में हुआ। मैं अपने मित्र समीर शेट्टी के घर लंच के लिए गया था। उसकी पत्नी अदिति और वह बहुत ही शानदार कुक हैं और वे अलग-अलग रेसिपी आजमाते हुए लोगों की मेजबानी करना पसंद करते हैं।

उस रात अदिति ने स्वीट दिश के लिए पैना कोटा बनाई थी। एक इतालवी डिश, जिसका नाम ही पकाई हुई क्रीम है। इस डिश में क्रीम और जिलेटिन को मुलायम

और रेशमी होने तक पकाया जाता है। यह मेरी पसंदीदा मिठाइयों में से एक है और मैं इसके लिए उत्सुक था।

जब अदिति यह डिश लेकर आईं तो उन्होंने बताया कि इसे नारियल के दूध से बनाया है और फिर इसे कैरेमल और ... फिश सॉस के साथ टॉप किया है। हाँ, आपने सही पढ़ा। फिश सॉस!

जब मैंने यह सुना तो मैं लगभग अपनी कुर्सी से गिरने वाला था। मैं यह कल्पना भी नहीं कर सकता था कि यह स्वाद में कैसी होगी। फिश सॉस दक्षिण-पूर्व एशियाई व्यंजनों में इस्तेमाल की जाने वाले सबसे तीखी और गंध वाली सॉस में से एक है, और यहाँ एक नाजुक पैना कोटा थी। यह कैसे काम कर सकता है? डर के मारे, मैंने पैना कोटा पर थोड़ी सी कैरेमल सॉस डाली और इसे चखा।

मैं मजाक नहीं कर रहा, पर मैंने जितनी भी चीजें खाई हैं, उनमें से यह सबसे दिव्य चीज थी। यह शानदार थी!

अब यही बात भोजन और पाक कला के बारे में है। हर चीज, किसी न किसी समय पर किसी और को हास्यास्पद लगी होगी। यह असंभव भी लगी होगी, लेकिन केवल तब तक, जब तक किसी ने वास्तव में इसे आजमाया नहीं। सबसे विचित्र विचार किसी अद्भुत चीज में बदल सकते हैं, लेकिन किसी को पहले इसे आजमाना होता है।

वयस्कों के रूप में, हमने अपनी आश्चर्य की भावना खो दी है। हम अक्सर विचारों को आजमाने से पहले ही उनका मूल्यांकन कर लेते हैं। कल्पना कीजिए अगर अदिति ने उस फिश सॉस कैरेमल पैना कोटा की रेसिपी देखी होती, और कहा होता 'नहीं, यह बहुत अजीब है। इसका स्वाद अच्छा हो ही नहीं सकता।'

रचनात्मकता की आदत ऐसे ही क्षणों के बारे में है। यह दो ऐसी चीजों को देखने के बारे में है जिनमें कोई स्पष्ट समानता नहीं है और फिर सोचते हैं, 'क्या हो अगर?' रचनात्मकता ऐसे 'क्या हो अगर' क्षणों से जन्म लेती है।

पहला टचस्क्रीन फोन संभवतः इसलिए आया क्योंकि किसी ने सवाल पूछा, 'क्या हो अगर एक फोन हो जिसमें कोई बटन न हो?' स्पाइडरमैन के लिए विचार संभवतः इस सवाल से पैदा हुआ था, 'क्या हो अगर एक आदमी सब कुछ कर सके जो एक

मकड़ी कर सकती है?' आपके आस-पास की सभी रचनात्मक चीजें इस मौलिक सवाल से पैदा हुई थीं—क्या हो अगर?

तो आपकी रचनात्मकता को बढ़ावा देने के लिए आपकी सुपर सरल आदत इस सवाल को पूछने से शुरू होती है, 'क्या हो अगर?' ऐसी दो चीजों की कल्पना करें जो स्पष्ट रूप से एक साथ नहीं हो सकतीं और पूछें, क्या हो अगर? क्या हो अगर मगरमच्छ शाकाहारी बन जाएँ? क्या हो अगर कारें बात कर सकतीं?

वयस्कों के रूप में, कल्पना की दुनिया धीरे-धीरे पार्श्व में चली जाती है क्योंकि हमें इसके बजाय हमारे चारों ओर की वास्तविकता पर ध्यान केंद्रित करने के लिए कहा जाता है। हमें 'क्या हो अगर' को त्यागने के लिए कहा जाता है। अगर हम सभी ने उस सलाह को माना तो यह दुनिया कितनी नीरस होती। एक ऐसी दुनिया जहाँ हमें कभी अदिति के फिश सॉस और कारमेल के साथ पैना कोटा का अनुभव करने का मौका नहीं मिलता!

अभ्यास

इस अभ्यास के लिए, अपने दोस्तों, भाई-बहनों, या चचेरे भाई-बहनों को भी शामिल करें। अपनी रचनात्मकता को बहने दें और चीजों को और भी दिलचस्प बनाएँ!

अगले तीन दिनों के लिए, आप में से हर एक को रोजाना एक 'क्या हो अगर' विचार के साथ आना होगा।

तीन दिनों के अंत में, आपके पास चुनने के लिए कुल नौ रचनात्मक विचार होंगे।

आप इनमें से कोई भी तीन विचार चुन सकते हैं और सप्ताह के बाकी दिनों में उन्हें साथ मिलकर आजमा सकते हैं।

हर व्यक्ति का कम से कम एक विचार सभी को आजमाना होगा।

और जिस भी विचार को चुना जाएगा, उसे तीनों को मिलकर आजमाना होगा।

तीन दिनों के अंत में, सबसे विचित्र विचार, जो सबसे अधिक मनोरंजक होगा वही खेल का विजेता होगा!

चिंतन और विवेक

क्या आप जानते हैं कि आईने सबसे पहले पानी से बनाए गए थे? आईना एक कटोरे के रूप में होता था, जिसे अंदर से काले रंग से रंगा जाता था और उसमें पानी भरा जाता था। इसका उद्देश्य वही प्रभाव उत्पन्न करने का था जो हमें झील या तालाब में अपनी परछाई देखने से प्राप्त होता है। बाद में आईनों के लिए काले ज्वालामुखीय काँच ने जगह ले ली, जिसे पॉलिश करके एक प्रतिबिंबित सतह बनाई जाती थी। उसके बाद आईने तांबे की डिस्क की मदद से बनाए गए, जिन्हें पॉलिश करके एक प्रतिबिंबित सतह बनाई जाती थी। अक्सर, यही वे चीजें हैं जो हमें मिस्र और मेसोपोटामियन युगों से मिलती हैं।

जैसे ही किसी संस्कृति के पास आईना आया, उसने लोगों को खुद को देखने के लिए इसका इस्तेमाल करने की अनुमति दे दी। आईने से लोगों को सजने-संवरने या अपने पहलुओं को उभारने में मदद मिली, जबकि पहले लोग दूसरों पर निर्भर रहते थे।

जब हमें खुद को वैसे देखने की क्षमता मिलती है जैसे कोई और हमें देखता है, तो हमारे अंदर बदलाव और सुधार की इच्छा जागृत होती है। एक उद्धरण जो मुझे इंस्टाग्राम पर मिला, जिसका श्रेय अरस्तू को दिया जाता है, हालाँकि मैं इसकी प्रामाणिकता की पुष्टि नहीं कर सका, उसने मुझे सोचने पर मजबूर कर दिया। उसके अनुसार: 'अनुभव और प्रतिबिंब मिलकर बुद्धिमत्ता की बराबरी कर सकते हैं।'

आइए इस पंक्ति को तोड़ें। बुद्धिमत्ता वह है जो हम सभी अपने जीवन में चाहते हैं। हम विवेकपूर्ण चुनाव करना चाहते हैं, विवेकपूर्ण सलाह देना चाहते हैं और विवेकपूर्ण जीवन जीने में सक्षम होना चाहते हैं। हालाँकि, बस अपनी कुर्सी पर बैठकर नेटफ्लिक्स या हिस्ट्री चैनल पर एक डॉक्यूमेंट्री देखने से हम बुद्धिमान नहीं बनते। यह बुद्धिमत्ता नहीं है। यह सिर्फ जानकारी या ज्ञान है।

हम अनुभव से बुद्धिमान बनते हैं। इसका मतलब है कि अपनी कुर्सी से उठना, अपने घर से बाहर निकलना और वास्तव में अपने आस-पास की दुनिया का अनुभव करना। इसका मतलब है नई चीजों को आजमाना, नई गलतियाँ करना, नए दोस्तों और नए परिचितों के लिए खुद को खुले दिल से उपलब्ध रखना। इसका मतलब है रोमांच पर जाना।

ये वो चीजें हैं जो हममें से अधिकांश नहीं करते हैं। हम रोज नई चीजें करने में समय नहीं बिताते हैं। हमारा जीवन काफी नियमित और निर्धारित है। हालाँकि, यदि आप प्रतिदिन कुछ नया करने की आदत डालते हैं, तो आप अनुभव के साथ बढ़ते हैं।

अगली चीज जो हमें करने की आवश्यकता है, वह है प्रतिबिंबित करना। इसका क्या मतलब है? हमें प्रतिबिंबित कैसे करना चाहिए? हममें से अधिकांश अपने जीवन में होने वाले अनुभवों पर प्रतिक्रिया देते हैं। यदि हम कुछ नया आजमाते हैं लेकिन असफलता का सामना करते हैं, तो हम तुरंत प्रतिक्रिया देते हैं और सोचते हैं कि हम इसके लिए सही नहीं हैं या दूसरे व्यक्ति को दोष देते हैं। हम उत्तेजना और प्रतिक्रिया के चरण में फँसे हुए हैं। जैसे ही कुछ होता है, हम तुरंत उस पर प्रतिक्रिया देते हैं। हम रुककर सोचते नहीं हैं।

आज दुनिया में बहुत गुस्सा फैला हुआ है। लोग लगातार प्रतिक्रिया क्यों दे रहे हैं और इतना गुस्सा क्यों हो रहे हैं? यदि मुझे किसी रेस्तरां में बुरा अनुभव होता है, तो मुझे तुरंत उन पैंतालीस लोगों को बताना है जो मुझे ट्विटर पर फॉलो करते हैं!

क्या यह विवेकशील काम है? क्या इस तरह तुरंत और उत्तेजक तरीके से प्रतिक्रिया देने में कोई बुद्धिमानी है?

यहीं पर दूसरा भाग आता है—प्रतिबिंबित करना। यह खुद को और अपने विचारों को देखने की क्षमता है। यह दिमाग में एक आईने की तरह काम करता है जिससे हमें दिखता है कि वहाँ वास्तव में क्या चल रहा है।

हममें से अधिकांश लोग अपना जीवन अतीत में क्या हुआ या भविष्य में क्या हो सकता है के बारे में अनावश्यक रूप से अत्यधिक सोचने में बिताते हैं, और फिर यही चिंता या उदासी में बदल जाता है। ऐसा इसलिए होता है क्योंकि हम अपने कार्यों या अपने जीवन को एक बहुत ही पक्षपाती दृष्टिकोण से देख रहे होते हैं।

मन का एक निष्पक्ष दृष्टिकोण रखना प्रतिबिंबित करने की कुंजी है। चीजों को वैसे ही देखें जैसे वे हैं, बिना किसी विकृति के। हम सभी सर्कस में तो गए ही हैं जहाँ हमने उन आईनों को देखा है जो हमें छोटा या लंबा या मोटा बनाते हैं। वे विकृतियाँ हैं।

हमें अपने मन के आईने को निष्पक्ष और बिना विकृति के प्रतिबिंबित करना सिखाना होगा। हम अभ्यास कर इसे कर सकते हैं। अपने मन के आईने को साफ करने और सही प्रतिबिंब दिखाने के योग्य बनाने में समय तो लगता है।

तो, आपकी सुपर सरल आदत शुरू होगी हर दिन अपने चिंतन के लिए एक शांत समय चुनने से। वैसे तो यह सुबह का पहला काम या रात का आखिरी काम होना चाहिए। बैठें और बस उस अनुभव के बारे में सोचें जो आपने उस दिन या हाल ही में किया था।

उस घटना का पूरी स्पष्टता के साथ निरीक्षण करें, किसी भी मत या पूर्वाग्रहों को अपने निर्णय को धुँधला करने की अनुमति न दें। उस अनुभव से आपने क्या सीखा, इसके बारे में सोचें। अगली बार आप क्या अलग करेंगे, इसके बारे में सोचें।

जिस तरह आईने के आविष्कार ने हमारे शारीरिक स्वरूप को बदल दिया, उसी तरह प्रतिबिंब या अपने अंदर झाँकने की यह आदत हमारे मानसिक स्वरूप को बदल सकती है।

अभ्यास

विवेक, अनुभव और चिंतन को समान अनुपात में मिलाकर बनता है। इस अभ्यास के लिए दो चीजें करें।

अपनी दिनचर्याओं का दैनिक और साप्ताहिक अवलोकन करें। कितनी बार आपको नए अनुभव होते हैं जो आपको जीवन में समझदार बनने में मदद करते हैं?

अब, तीन नए अनुभव लिखें जिन्हें आप आने वाले महीने में अपने जीवन में जोड़ेंगे।

याद रखें, प्रत्येक नए अनुभव के साथ, आप सीखेंगे, बढ़ेंगे और समझदार बनेंगे।

इसके बाद, हर सप्ताह एक नया काम करने के बाद, उस अनुभव पर चिंतन करें।

अनुभव को अच्छा या बुरा न मानें। निष्पक्ष रहें और अपने अनुभव से तीन अवलोकन और प्राप्त सीख लिखें। अपने मन को सोचने और चिंतन करने के लिए प्रशिक्षित करें।

आप अपने दिन की घटनाओं पर सुबह या शाम को एक शांत जगह पर बैठकर चिंतन कर सकते हैं।

चिंतन को आदत बनाएँ, जितनी बार हो सके अपने मन को दर्पण दिखाएँ और जितना संभव हो सके उतना समझदार बनें।

ग्रो बाइ *10x*

क्या आप जानते हैं कि अक्षर 'x' 820 ईस्वी में बगदाद में इस्तेमाल होता था? प्राचीन पांडुलिपि *अल-जबर* में 'अलजेब्रा' (बीजगणित) के नियमों के बारे में बताया गया है। सभी अज्ञात चरों को 'शय' कहा जाता था, जिसका अंग्रेजी में अनुवाद 'थिंग्स' (चीजें) होता है। उदाहरण के लिए, एक समीकरण इस प्रकार होगा: 4 चीजें 20 के बराबर।

बाद में, जब अल-जबर का अनुवाद स्पेनिश में किया जा रहा था, तो 'šay' (शय) शब्द को 'Xei' लिखा गया। यह समय के साथ 'X' बन गया, जिसे अब व्यापक रूप से अज्ञात का प्रतिनिधित्व करने के लिए उपयोग किया जाता है। हमारे पास अज्ञात किरणों के लिए एक्स-रे है। और मैल्कम एक्स ने अपने उपनाम के रूप में X अक्षर का उपयोग अपने सभी अज्ञात पूर्वजों का प्रतिनिधित्व करने के लिए किया!

बेशक कई अन्य सिद्धांत भी हैं जिनसे बताया जा सकता है कि 'x' दुनिया भर में अलजेब्रा सीखने वाले छात्रों को परेशान करने का उपकरण कैसे बना। व्यक्तिगत रूप से, 'x' का मान निकालने की कोशिश से ज्यादा डर मुझे किसी और चीज से नहीं लगता। मैं एक अवधारणा साझा करना चाहता हूँ जिसे ग्रांट कार्डोन ने प्रसिद्ध बनाया है। उनके ब्रांड का नाम है 10x, जिस पर उन्होंने एक किताब भी लिखी है।

यह अवधारणा हमारे सोचने के पैटर्न को तोड़ने के बारे में है। जैसा कि हम जानते हैं, विचार भी आदतें ही हैं। हम अक्सर केवल *लीनियर ग्रोथ* (रैखिक वृद्धि) के संदर्भ में सोचते हैं—जहाँ हमारा जीवन समय के साथ थोड़ा-थोड़ा करके बेहतर होता जाता है। हम वेतन वृद्धि के बारे में सोचते हैं। या एक थोड़ी बेहतर कार के बारे में। हम अपने करियर में आगे बढ़ने के बारे में सोचते हैं—प्रबंधक बनने के बाद वरिष्ठ प्रबंधक बनने के बारे में।

अपने पूरे जीवन में हमें रैखिक तरीके से सोचने के लिए सिखाया जाता है। यहाँ तक कि हमारी दोस्ती और रिश्ते भी रैखिक रूप से आगे बढ़ते हैं। इसलिए हमारा

जीवन एक स्थिर गति से बढ़ता है। मुझे पता है कि आप अपने जीवन के सभी क्षेत्रों में विकास करने की इच्छा रखते हैं, यही वजह है कि आपने यह पुस्तक उठाई है। मुझे पता है कि आप अपने जीवन को दिन-ब-दिन सुधारने के लिए काम कर रहे हैं।

लेकिन क्या होगा अगर आप बहुत तेजी से बढ़ सकें? क्या होगा अगर आप अपनी सोच बदल सकें और *लीनियर ग्रोथ* (रैखिक वृद्धि) से *एक्सपोनेंशियल ग्रोथ* (गुणात्मक वृद्धि) की ओर बढ़ सकें? क्या होगा अगर आपकी वृद्धि केवल स्थिर रूप से बढ़ने के बजाय गुणा हो जाए?

आपके हैबिट कोच के रूप में, मैं आपको आपका परितृप्त, सबसे बड़ा और सबसे अच्छा जीवन जीते हुए देखना चाहता हूँ। और यह आपके सोचने के तरीके को बदलने से शुरू होता है। इसे पाने के लिए आपकी मानसिकता को प्रभावशाली तरीके से बदलना होगा। इसलिए, अपने जीवन को देखें और अपने आप से पूछें: मैं इसे दस गुना बेहतर कैसे बना सकता हूँ?

मैं अपनी वित्तीय स्थिति को दस गुना बेहतर कैसे बना सकता हूँ? मैं अपने रिश्तों, अपनी जीवनशैली और अपनी दैनिक आदतों को दस गुना बेहतर कैसे बना सकता हूँ? यदि मैं एक साल में तीन किताबें पढ़ता हूँ, तो मैं एक साल में तीस किताबें पढ़ना कैसे शुरू कर सकता हूँ?

जब आप अपने आप से इन सवालों को पूछने की आदत डाल लेते हैं, तो आपकी मानसिकता बदलने लगती है। यह उन अवसरों की तलाश करने लगती है जो गुणात्मक वृद्धि की ओर ले जा सकते हैं, बजाय उन अवसरों के जो रैखिक वृद्धि की ओर ले जाएँगे।

अपने जीवन की भौतिक वृद्धि पर ही ध्यान केंद्रित न करें। रिश्ते, ज्ञान, यात्रा और आपके लिए गहरा अर्थ रखने वाली किसी भी चीज के बारे में सोचें। अपने जीवन के इन सभी पहलुओं में गुणात्मक वृद्धि के बारे में सोचें। यह सब आपके दिमाग में शुरू होता है।

तो आपकी सुपर सरल आदत 10x बढ़ने की शुरुआत इस सवाल को पूछने से होती है: मैं इसे 10x कैसे बढ़ा सकता हूँ? मेरे जीवन में क्या बदलने की जरूरत है? मुझे क्या करना शुरू करना चाहिए? मुझे क्या करना बंद करना चाहिए?

मैं आपको 10x बढ़ते हुए देखने के लिए उत्सुक हूँ!

अभ्यास

अपने जीवन के विभिन्न पहलुओं को पहचानें जहाँ आप *एक्सपोनेंशियल ग्रोथ* चाहते हैं।

उसमें से एक को चुनें जो इस समय आपके जीवन में सबसे महत्वपूर्ण है। उसे चिह्नित करें।

अब, लिखें कि जीवन के इस पहलू में 10 गुना वृद्धि कैसी दिखेगी। उदाहरण के लिए, यदि यह यात्रा है, और आप वर्तमान में एक साल में देश के किसी हिस्से में छुट्टी मनाने जाते हैं, तो 10 गुना वृद्धि का मतलब हो सकता है कि अगले साल पाँच नए देशों का दौरा करना और हर छह सप्ताह में पास के स्थानों पर छुट्टी मनाने जाना।

तीन आदतें लिखें जिन्हें आप बदलेंगे ताकि ये लक्ष्य आपकी वास्तविकता बन सकें।

इस सूची को हर दिन पुनः देखें। जल्द ही आपका मन इस जादू को काम करना शुरू कर देगा और इन्हें आपकी वास्तविकता में बदल देगा।

अपना आत्म-मूल्य बढ़ाएँ

क्या आप जानते हैं कि बकिंघम पैलेस दुनिया का सबसे महँगा घर है? इसका मूल्य 1.17 बिलियन पाउंड है। इसमें 775 कमरे हैं, जिनमें 188 स्टाफ रूम, 52 शाही और गेस्ट बेडरूम, 78 बाथरूम और 92 कार्यालय शामिल हैं!

मैं केवल इस बात की कल्पना ही कर सकता हूँ कि इस खूबसूरत घर की वैल्यूएशन की कोशिश करने वाले व्यक्ति के मन में क्या कुछ चल रहा होगा। हालाँकि, इस घर का भौतिक संपत्ति और असंख्य कमरों, ऑफिसों आदि से अधिक, इसकी ऐतिहासिक प्रकृति से इसका मूल्य उत्पन्न होता है। यह ब्रिटिश शाही परिवार का घर है, उनके पारिवारिक इतिहास का भंडार है, एक ऐसा स्थान है जो अतीत में डूबा हुआ है और साजिशों और रहस्यों से भरा है।

अब हममें से ज्यादातर लोगों के पास 1.17 बिलियन पाउंड का घर खरीदने की उम्मीद नहीं है। लेकिन आइए कुछ सिद्धांतों को समझें। एक घर को अधिक मूल्यवान क्या बनाता है? उसका मूल्य कैसे बढ़ता है? सबसे पहली चीज है भूमि की कीमत। भूमि जितनी योग्य होती है, उसकी कीमत उतनी ही बढ़ती है। हम अक्सर मानते हैं कि इस पहलू पर हमारा कोई नियंत्रण नहीं है। लेकिन वास्तव में, भूमि को वांछनीय बनाना बहुत हद तक संभव है। दुबई को ही देख लें—कई वर्षों की मेहनत ने बेकार भूमि को दुनिया के सबसे महँगे रियल एस्टेट में से एक बना दिया। मृत मानी जाने वाली भूमि पर शेखों ने पैसा लगाया और इसे वांछनीय बना दिया।

इसके बाद संपत्ति की नींव आती है। एक गहरी और मजबूत नींव संपत्ति को लंबे समय तक टिकाए रखने के लिए आवश्यक है। और अंत में आती है उसकी संरचना। डिजाइन के जरिए जोड़ी गई कलात्मकता और मूल्य, संपत्ति को अधिक वांछनीय बनाने में योगदान देते हैं। फिर सुविधाएँ अधिक मूल्य जोड़ती हैं, अंततः एक संपत्ति का निर्माण होता है जो मूल रूप से मौजूदा भूमि से कहीं अधिक मूल्यवान होती है।

मुझे बहुत से लोगों से अपने आत्म-मूल्य को बढ़ाने के बारे में सवाल मिलते हैं। जिस तरह से हम संपत्ति की मूल्य वृद्धि के बारे में सोचते हैं, उसी तरह हमें आत्म-मूल्य के बारे में सोचना चाहिए।

आप कहाँ और किससे पैदा हुए हैं, वह भूमि की तरह है जो पहले से मौजूद है। आपके माता-पिता के डीएनए के साथ आपकी शुरुआत आपके बस में नहीं होती है लेकिन उसके बाद सब कुछ आप पर निर्भर है। दुबई की ही तरह आप वह क्षमता रखते हैं जिससे अपने पास मौजूद संसाधनों में मूल्य वृद्धि कर सकें। उसे बढ़ा सकते हैं, उससे लाभ उठा सकते हैं। जो भोजन आप खाते हैं और जो व्यायाम आप करते हैं, वह आपके जीवन में जुड़ता है।

आप तब अपनी नींव पर काम करते हैं, उन आदतों पर जो आपको मजबूत और अनुशासित रखती हैं, जो आपको स्थिरता का मूल्य सिखाती हैं। अपनी नींव को मजबूत बनाने के लिए छह चीजों पर ध्यान केंद्रित करें: पोषण, व्यायाम, नींद, तनावमुक्ति, हाइड्रेशन और साँस लेना। आपके जीवन की गुणवत्ता इन सिद्धांतों पर आधारित है; यहीं से शुरू करें।

एक मजबूत नींव के साथ, आप एक सुंदर जीवन का निर्माण शुरू कर सकते हैं। एक ऐसा जीवन जहाँ आप इतना अधिक मूल्य जोड़ते हैं कि यह अविश्वसनीय रूप से वांछनीय बन जाता है। आइए कुछ उदाहरण देखें।

एक शौक अपनाएँ। यह स्पष्ट नहीं हो सकता है, लेकिन हर नया कौशल मूल्यवान होता है। मुझे याद है कि कॉलेज में एक लड़का गिटार बजाना सीखता था। सभी लड़कियाँ उसके आस-पास रहना चाहती थीं क्योंकि वह ब्रेक के दौरान गिटार बजाता था। और बहुत अच्छा गाता था। वह सबसे लोकप्रिय छात्रों में से एक बन गया।

अपनी बुद्धिमत्ता और ज्ञान पर काम करें। आपकी जानकारी और इसे साझा करने के तरीके के माध्यम से लोगों के जीवन में मूल्य जोड़ें। उदाहरण के लिए, जो कुछ भी आप इस पुस्तक से सीख रहे हैं, उसका उपयोग लोगों के जीवन में मूल्य जोड़ने के लिए किया जा सकता है, यदि आप वह सब जो आपने सीखा है उसे दूसरों के साथ साझा करते हैं। मूल्य, भौतिक चीजों के रूप में भी आ सकता है। जैसे वह दोस्त जिसके पास कार है और वह सभी को घर छोड़ता है, या वह दोस्त जिसके पास एक बढ़िया घर है और सभी पार्टियों की मेजबानी करता है।

इस अध्याय का उद्देश्य आपको इनमें से कोई भी काम करने के लिए मजबूर करना नहीं है। इसका उद्देश्य आपको यह अहसास दिलाना है कि आपके पास वर्तमान में जो है वह सिर्फ शुरुआती बिंदु है। अपने आत्म-मूल्य को बढ़ाने के लिए आपको अपने जीवन में लगातार मूल्य जोड़ते रहना होगा। अपने जीवन में अधिक मूल्य जोड़ने के तरीके खोजते रहें। मूल्य उन चीजों से आता है जिन्हें आप, साथ ही साथ अन्य लोग चाहते हैं।

चाहे आप इसे पसंद करें या न करें, हममें से लगभग सभी लोग खुद का मूल्यांकन इस आधार पर करते हैं कि अन्य लोग हमें कैसे देखते हैं। और इसलिए अपने जीवन में लगातार मूल्य जोड़ते रहना चाहिए। धीरे-धीरे, इससे आपको अधिक आत्मविश्वास महसूस होगा। वह आत्मविश्वास स्वयं अविश्वसनीय रूप से वांछनीय है और अन्य लोग आपके आस-पास रहना चाहेंगे।

आत्म-मूल्य बढ़ाने की सरल आदत आपके जीवन की नींव पर काम करने से शुरू होती है। अपनी नींव को मजबूत बनाने के लिए मैंने जिन छह क्षेत्रों का उल्लेख किया है, उन पर काम करें। फिर, आप अपने जीवन में कौशल, शौक, चीजें, नौकरियाँ, रिश्ते आदि शामिल करके और भी मूल्य जोड़ते हैं। आप जितना अधिक मूल्य जोड़ते हैं, उतना ही अधिक आत्मविश्वास आपको मिलेगा और आपका आत्म-मूल्य उतना ही अधिक होगा।

आपके हैबिट कोच के रूप में, मैं चाहता हूँ कि आपका जीवन शानदार हो। और ऐसा जीवन जीने के लिए आपको इसमें थोड़ा-थोड़ा करके मूल्य जोड़ना शुरू करना होगा।

अभ्यास

इन छह क्षेत्रों में एक आदत लिखें जो आप अपनाना चाहते हैं:

पोषण: ____

व्यायाम:____

नींद:____

तनावमुक्ति:--

हाइड्रेशन:____

साँस लेना:____

ये आदतें आपकी नींव बनाती हैं। इन्हें मजबूत बनाना सुनिश्चित करें।

अब, एक शौक और एक कौशल के बारे में सोचें जिसे आप खुद को मूल्यवान बनाने के लिए विकसित करना चाहते हैं:

कौशल:____

शौक:____

ये वे सजावट हैं जो आपके मन और दूसरों के मन में आपके मूल्य को बढ़ाती हैं।

सही आदतें बनाएँ जो आपको अपस्किल करने में मदद करें।

अंत में, दिन में 15 मिनट का समय निकालें और इसे विशेष रूप से सीखने के लिए रखें।

लिखें कि आप इस आदत को कब और कैसे काम में लाएँगे। उदाहरण के लिए: मैं सुबह 15 मिनट के लिए एक गैर-फिक्शन सेल्फ-हेल्प बुक पढ़ूँगा।

इस सूची को रोज पुन: देखें और खुद को अपने लक्ष्यों और आदतों की याद दिलाएँ। इन्हें अपने मन में अंकित करें, सही कदम उठाएँ और जल्द ही ये आपकी वास्तविकता का हिस्सा बन जाएँगी।

रैडिकल ओनरशिप

क्या आप जानते हैं कि मैनहट्टन में एक संपत्ति थी जिस पर कभी पाँच विभिन्न देशों का स्वामित्व था? यह 20,000 वर्ग फुट का घर वर्साय के महल के मॉडल पर बनाया गया था। इसे 1946 में यूगोस्लाविया गणराज्य ने न्यूयॉर्क में अपने दूतावास के रूप में खरीदा था।

लेकिन 1992 में यूगोस्लाविया गणराज्य पाँच देशों में विभाजित हो गया, और यह संपत्ति पाँच देशों के स्वामित्व में आ गई। ये पाँच देश थे बोस्निया, क्रोएशिया, मैसेडोनिया, सर्बिया और स्लोवेनिया। उन्होंने 2018 में इस संपत्ति को बेचकर इसके स्वामित्व का मुद्दा सुलझाया।

मैं कल्पना भी नहीं कर सकता कि इस सौदे को कितनी जटिलता से निपटाया गया होगा, क्योंकि इसमें कई पक्ष शामिल थे। हमारे भारत में भी इसी तरह की समस्याएँ छोटे स्तर पर होती हैं, जहाँ माता-पिता की संपत्ति कई संतानों के बीच विभाजित होती है और भाई-बहनों के बीच विवाद स्थिति को जटिल बना देता है।

हालाँकि, इस अध्याय का विषय एक अलग तरह का स्वामित्व है। यह विचार स्टोइक दार्शनिकों से आता है। यह एक आदत है जिसका उपयोग हम खुद को पीड़ित मानसिकता (victim mentality) से बाहर निकालने के लिए करते हैं और किसी भी तरह के दोषारोपण के खेल से बचने के लिए करते हैं जिसमें शायद हम तब फँस सकते हैं जब अपनी जिंदगी में नियंत्रण की कमी होती है।

पहले यह समझें कि पीड़ित मानसिकता क्या है। यह वह भावना है जिसमें आपको लगता है कि दुनिया आपके खिलाफ है। कि चीजें आपके तरीके से नहीं हो रही हैं। कि केवल बुरी चीजें ही आपके साथ हो रही हैं। पीड़ित मानसिकता वाले लोग जीवन को देखते हैं और सोचते हैं कि वे असहाय हैं। वे हमेशा कहते रहते हैं: मैं इसके बारे में क्या कर सकता हूँ? मुख्य बात यह है कि ऐसा व्यक्ति अपने आस-पास हो रही चीजों

की जिम्मेदारी नहीं लेता। उनके जीवन में चीजों के प्रति नाराजगी होती है। वे दुनिया के प्रति लगातार कड़वाहट रखते हैं। ऐसे लोगों के साथ रहने में कोई मजा नहीं होता क्योंकि आपको हर चीज के लिए दोषी ठहराया जाएगा।

ऐसे लोगों की एक और आम विचारधारा है: मैंने ऐसा क्या किया जो मुझे यह सब झेलना पड़ा? इन लोगों में यह भावना आम होती है कि दुनिया आपको कुछ देगी, कि आपको वह नहीं मिला जो आप डिजर्व करते हैं। वे भूल जाते हैं कि दुनिया उन्हें कुछ नहीं देती।

ऐसे लोगों का जो पहलू मुझे सबसे अधिक परेशान करता है, वह यह है कि वे अपनी समस्याओं के बारे में शिकायत करते रहते हैं। लेकिन यदि आप उन्हें कोई समाधान देते हैं, तो उनके पास इस समाधान के न चलने के कारणों की लंबी फहरिस्त होगी। आपके द्वारा दिए गए हर समाधान के लिए उनके पास पाँच और समस्याएँ होंगी। आपके हैबिट कोच के रूप में, मैं चाहता हूँ कि आप कभी भी इस पीड़ित (victim) होने के जाल में न फँसें।

स्टोइक्स कुछ ऐसा मानते थे जिसे मैं कट्टर स्वामित्व (radical ownership) कहता हूँ। इसका विश्वास है कि आप दुनिया में हो रही हर चीज पर नियंत्रण रखते हैं। यदि दुनिया के दूसरे छोर पर पाँच देशों के बीच युद्ध हो रहा है, तब भी आप उस पर नियंत्रण रखते हैं।

यह नियंत्रण का विश्वास आपको अपने आस-पास हो रही चीजों का मालिक बनाता है। चूँकि अब आप समस्या के मालिक हैं, आप पीड़ित नहीं बन सकते।

समस्या के मालिक के रूप में आपके पास दो विकल्प होते हैं। आप इसके बारे में कुछ करने का चयन कर सकते हैं या आप इसके बारे में कुछ भी न करने का चयन कर सकते हैं। इस दृष्टिकोण का उपयोग करके आप अपनी सोच को पूरी तरह से बदल देते हैं। अब आप ऐसा महसूस नहीं करते कि आपके पास नियंत्रण नहीं है।

मैं इसे 'कट्टर स्वामित्व' इसलिए कहता हूँ क्योंकि यह आपको यह महसूस कराता है कि आपका स्वामित्व सब पर है। और इसलिए, यदि दुनिया में कहीं भी हो रही कोई चीज आपको प्रभावित करती है, तो आपके पास इसके बारे में कुछ करने का विकल्प होता है।

उदाहरण के लिए, आप दुनिया के दूसरे छोर पर हो रहे युद्ध का विरोध करने का चयन कर सकते हैं। या आप जिस प्लास्टिक का उपयोग करते हैं, उसके बारे में बेहतर विकल्प चुन सकते हैं। यदि युद्ध आपकी चिंता का विषय नहीं है, तो आप इसके बारे में कुछ भी न करने का चयन कर सकते हैं। या आप प्लास्टिक के बारे में चिंता न करने का चयन कर सकते हैं और इसके बजाय किसी और चीज पर ध्यान केंद्रित कर सकते हैं।

यदि कोई आपके साथ बुरा व्यवहार कर रहा है या आपके लिए समस्याएँ पैदा कर रहा है, तो आप इसका विरोध करने का, उन्हें मुक्का मारने का, पुलिस को बुलाने का चयन कर सकते हैं, या आप कुछ भी न करने का चयन कर सकते हैं। कट्टर स्वामित्व के साथ, हमेशा चयन का अधिकार आपको ही होता है।

तो आपकी सरल आदत इस तथ्य को समझने से शुरू होती है कि आप जो कुछ भी करते हैं वह एक विकल्प है। कि आप अपने आस-पास हो रही हर चीज पर नियंत्रण रखते हैं।

आप अब किसी और को किसी भी चीज के लिए दोष नहीं दे सकते। सब कुछ आपका विकल्प है।

जब आप इस तरह से सोचना शुरू करते हैं, तो आपके अंदर का पीड़ित गायब हो जाता है। अब आप नियंत्रण में हैं।

अभ्यास

अपने जीवन में ऐसी किसी घटना या अवधि पर विचार करें जब आपने किसी चीज की योजना बनाई थी और वह उस तरह से नहीं हुई जैसा आपने सोचा था। सोचें कि इसने आपको कैसा महसूस कराया। अब सोचें कि आपने ऐसा क्यों महसूस किया और नीचे कारण लिखें।

इन कारणों को देखें और देखें कि क्या आपको दोष का कोई अंश दिखाई दे रहा है? क्या इसमें कोई असहायता का भाव है? क्या किसी भी समय आपने अपने आप को परिस्थितियों का शिकार महसूस किया? यदि आपने इन प्रश्नों में से किसी का भी उत्तर 'हाँ' में दिया है, तो यह समय है कि आप 'कट्टर स्वामित्व' (संपूर्ण जिम्मेदारी) अपनाएँ।

अध्याय को फिर से पढ़ें और इसे फिर से आजमाएँ। इस बार, स्थिति की संपूर्ण जिम्मेदारी लें और उन संभावित विकल्पों को लिखें जो आपके पास तब थे।

याद रखें, आपके पास हमेशा एक विकल्प होता है। आपके पास हर चीज का नियंत्रण होता है। आप पुनः प्रयास करने का विकल्प चुन सकते हैं, आप चीजों को अलग तरह से करने का विकल्प चुन सकते हैं, आप कुछ न करने का विकल्प चुन सकते हैं, और सबसे महत्वपूर्ण बात, आप पूरे मामले के बारे में एक निश्चित तरीके से महसूस करने का विकल्प चुन सकते हैं।

उन विकल्पों का उल्लेख करें जो आपके पास तब थे—और अब आपके पास कौन-कौन से विकल्प हैं—कि आप कैसे किसी ऐसी

स्थिति के बारे में सोच सकते थे या उसे अलग तरीके से कर सकते थे जो आपके नियंत्रण से बाहर हो गई थी।

सृजन बनाम चुनौती

क्या आपने गौर किया कि मुझे शब्दों की व्युत्पत्ति में गहराई से जाने का शौक है? ऐसा इसलिए है क्योंकि किसी शब्द की उत्पत्ति हमें उसके सही अर्थ का अहसास कराती है। आज के दौर में, हम अक्सर शब्दों का उपयोग उनके हल्के रूपों में करते हैं, जहाँ उनकी सच्ची भावना गायब हो जाती है।

क्या आप जानते हैं कि 'क्रिएट' (create) शब्द लैटिन शब्द 'क्रिएटस' (creatus) से आया है? इस शब्द का मतलब है अस्तित्व में लाना, हवा से कुछ बनाना, कुछ उगाना।

हम रचनात्मकता को कुछ रंगीन, मजेदार और कूल चीज के रूप में देखते हैं। लोग कुछ सपने देखते हैं। जब मैं लोगों से बात करता हूँ तो वे अक्सर कहते हैं कि वे रचनात्मक नहीं हैं केवल इसलिए कि वे उस रूढ़िवादिता के साथ जुड़ना नहीं चाहते। लेकिन 'create' शब्द या निर्माण की क्रिया बिल्कुल अलग है। और यह बहुत सुंदर है।

आज की तेजी से भागती दुनिया में हमें एक और शब्द बहुत पहले सिखाया जाता है: प्रतिस्पर्धा। स्कूल के समय से ही हम प्रतिस्पर्धा करने लगते हैं। चाहे वह कक्षा में अंकों के लिए दौड़ हो या ट्रैक और फील्ड इवेंट्स में पदकों के लिए। बाद में जीवन में हम नौकरी के लिए प्रतिस्पर्धा करते हैं। और फिर हम अपने सहकर्मियों के साथ प्रतिस्पर्धा करते हैं। एक बार जब हम किसी कंपनी के प्रमुख बन जाते हैं या अपना खुद का व्यवसाय चलाते हैं, तो हम अन्य व्यवसायों के साथ प्रतिस्पर्धा करना शुरू कर देते हैं। यदि हम गृहिणी हैं, तो हम अपने बच्चों के दोस्तों के माता-पिता के साथ प्रतिस्पर्धा करते हैं। एक शब्द में कहें तो अधिकांश लोगों के लिए, प्रतिस्पर्धा हमारे जीवन का अभिन्न हिस्सा है। यह एक ट्रेडमिल है जिस पर हम दौड़ रहे हैं। एक प्रतिस्पर्धा से अगली प्रतिस्पर्धा तक।

प्रतिस्पर्धा की समस्या यह है कि यह हमें अभाव की मानसिकता देती है। यह हमें विश्वास दिलाती है कि संसाधनों की कमी है—पैसे की, संपत्ति की या प्रतिभा की—और इसी के लिए हम सब लड़ रहे हैं। मैंने महसूस किया कि जिन अधिकांश कंपनियों के साथ मैंने काम किया, वे इसी डर की स्थिति से काम कर रही थीं। वे हारने से डरते थे और इसलिए वे बढ़ने से बहुत डरते थे। वे सिर्फ प्रतिस्पर्धा करना चाहते थे।

आपके हैबिट कोच के रूप में मैं चाहता हूँ कि आप समझें कि प्रतिस्पर्धा करना केवल झुंड का पालन करना है और दूसरों से बेहतर होने की उम्मीद करना है। यह सापेक्ष शब्दों में बेहतर होने के बजाय, पूर्ण शब्दों में अच्छा होने के बारे में हो जाता है। और इसलिए मैं चाहता हूँ कि आप प्रतिस्पर्धा करने के बजाय सृजन करने की आदत डालें। जब आप कुछ बनाते हैं तो आपके पास उसे बनाने की शक्ति होती है। आप झुंड से हटकर अपने लिए एक रास्ता बनाते हैं। निर्माण करने पर ही वृद्धि और जादू होता है। लेकिन निर्माण डरावना है क्योंकि यह अपरिचित है।

जब मैंने अपने पारिवारिक व्यवसाय और उससे मिलने वाली सुरक्षा को छोड़ दिया, तो मुझे डर लगा। मैं आसानी से लाइफ कोचिंग या कुछ ऐसा कर सकता था जो पहले से मौजूद था। मैं अपने क्लाइंट्स से दूसरों की तुलना में कम शुल्क ले सकता था और प्रतिस्पर्धा को मात दे सकता था। इसके बजाय, मैंने कोचिंग की एक नई श्रेणी बनाने का फैसला किया जिसे हैबिट कोचिंग कहा जाता है। जब मैंने शुरुआत की, तब हैबिट कोचिंग का कोई अस्तित्व नहीं था। 'Habit Coach' को गूगल करने पर आपको कोई परिणाम नहीं मिलता था। इसके बजाय, यह आपको *The Coaching Habit* नामक एक किताब दिखाता था, जिसका हैबिट कोचिंग से कोई लेना-देना नहीं था।

मैंने इस श्रेणी का निर्माण किया और इसलिए 'Habit Coach' को ट्रेडमार्क करवा सका। यह डरावना और उत्साहपूर्ण था। मेरी सफलता देखकर अब बहुत से लोग खुद को हैबिट कोच कह रहे हैं, लेकिन वे प्रतिस्पर्धा करने की कोशिश कर रहे हैं, निर्माण नहीं।

मेरे जीवन से एक और उदाहरण मेरा पॉडकास्ट है। मैंने एक पॉडकास्ट बनाने और अपना सारा ज्ञान मुफ्त में देने का फैसला किया। बहुत से लोगों ने मुझसे कहा कि यह सबसे खराब विचार है! उन्होंने मुझे बताया कि कैसे अब हर कोई मेरे विचारों की नकल करेगा या मेरे काम को चुरा लेगा।

और मैंने इन सभी शुभचिंतकों से कहा कि मुझे इससे कोई आपत्ति नहीं है। वे केवल प्रतिस्पर्धा कर रहे होंगे। उनके पास कभी भी अपना ताजा विचार नहीं होगा क्योंकि वे मानते हैं कि विचार दुर्लभ संसाधन हैं। लेकिन स्पष्ट रूप से, ऐसा नहीं है। आपको केवल यह सीखने की आवश्यकता है कि उन्हें कैसे बनाएँ।

मैं इन उदाहरणों का उपयोग इसलिए करता हूँ क्योंकि मैं आपको दिखाना चाहता हूँ कि यह संभव है। प्रतिस्पर्धा के बिना जीतना संभव है। इन उदाहरणों को साझा करने का एक और कारण यह भी है कि मुझे इन उपलब्धियों पर बहुत गर्व है। तो, मेरे लिए थोड़ी शाबाशी भी है।

इस यात्रा पर मैंने जो सीखा, उनमें से एक है: जैसे आप हैं वैसे ही रहें। क्योंकि जब आप अपने स्वाभाविक रूप में होते हैं, तो आप अद्वितीय होते हैं और जो कुछ भी आप करते हैं, वह दूसरों ने जो किया है या कर रहे हैं, उससे अलग होगा और इसलिए यह निर्माण में निहित होगा। यदि आप दूसरों को खुश करने की कोशिश करते हैं, तो आप खुद को बदल देंगे और इसलिए प्रतिस्पर्धा के जाल में फँस जाएँगे।

तो आपकी सरल आदत निर्माण की शक्ति को सीखने से शुरू होती है। लगातार निर्माण करने की आदत अपनाएँ—घर पर, काम पर, कहीं भी और हर जगह।

अभ्यास

इस अभ्यास के लिए, अपने किन्हीं तीन पैशन्स को सूचीबद्ध करें जो युवावस्था में करना चाहते थे।

अब जब आपने इन्हें लिख दिया है, तो किसी एक पैशन को चुनें। अपने कार्य के माध्यम से उस पैशन को बढ़ाने के लिए अपने अनोखे कौशल का उपयोग करें। इसका उद्देश्य अपने सृजन का आनंद लेना और सृजन प्रक्रिया से गुजरना है। अपनी रचनात्मक प्रवृत्ति को पोषित करें।

इस पैशन के माध्यम से आप जिस एक लक्ष्य को प्राप्त करेंगे, उसे लिखें। उदाहरण के लिए, यदि आपने संगीत को अपना पैशन चुना है, तो आपका लक्ष्य किसी विशेष गीत की धुन को अपने चुने हुए वाद्य यंत्र पर बजाना सीखना जैसा सरल भी हो सकता है।

अब, अपनी शिक्षा या पेशेवर जीवन में, किसी ऐसी परियोजना या समस्या को चुनें जो आपके दिल के करीब हो। एक मिनट के लिए, अपने साथियों या किसी मौजूदा समाधान के बारे में न सोचें। कल्पना करें कि आपके पास कोई सीमा नहीं है। आप स्थिति को बेहतर कैसे

बनाएँगे? क्या हो अगर आपके पास एक अनोखा समाधान बनाने की पूरी शक्ति हो। आप क्या करेंगे?

जब भी आप किसी स्थिति का सामना करें, तो अपने आप से पूछें, आप अपनी रचनात्मक प्रतिभा का उपयोग करके कैसे मूल्य जोड़ सकते हैं। अपने शक्तिशाली स्वभाव से। प्रतियोगिता और भीड़ को पीछे छोड़ दें।

दृढ़ता

मुझे यकीन है कि आपको प्रसिद्ध नर्सरी कविता 'Itsy-Bitsy Spider' मालूम होगी। लेकिन क्या आप जानते हैं कि यह कविता वयस्कों के लिए बनाई गई थी? 1910 में प्रकाशित *Camp and Camino in Lower California* में यह कविता शामिल थी, लेकिन इसमें एक itsy-bitsy मकड़ी नहीं थी जो पानी के पाइप पर चढ़ रही थी। बल्कि यह एक 'Blooming Bloody Spider' था जो एक जाले पर चढ़ रहा था।

लेखक ने यह कविता उस समय के अमेरिका के श्रमिक वर्ग के लिए एक पुकार के रूप में लिखी थी, ताकि वे आशा न खोएँ और जाले पर चढ़ते रहें। जाला, अमेरिकी सपनों की सफलता का प्रतीक था। यह समाज में बदलाव लाने के लिए एक कविता थी! और कहीं न कहीं, किसी ने स्पष्ट रूप से कई कॉपीराइट कानून तोड़े और वयस्कों के लिए लिखी गई इस कविता को बच्चों की कविता बना दिया।

जब मैं स्कूल में था, तो मुझे न केवल इस कविता का अंग्रेजी संस्करण सिखाया गया था, बल्कि हिंदी संस्करण भी सिखाया गया था, जिसमें एक 'itsy-bitsy' मकोड़ा था! इस कविता का उपयोग हमें दो चीजें सिखाने के लिए किया गया था: मेहनत और कभी हार न मानने का जज्बा।

आज, 'itsy-bitsy' मकोड़े की कहानी को वयस्कों के लिए एक शब्द में संक्षेपित किया जा सकता है: दृढ़ता।

दृढ़ता वह क्षमता है जो आपको गिरने के बाद फिर से उठने में मदद करती है। यह बार-बार गिरने के बाद भी उठते रहने की हिम्मत देती है। दृढ़ता आपके अंदर उस विश्वास का नाम है जो आपको यह भरोसा दिलाती है कि आप जो कर रहे हैं वह सही है और आप किसी भी हालत में अपनी मंजिल तक पहुँचेंगे। दृढ़ता आपके सपनों को खोलने की कुंजी है।

यदि आप अभी असफल महसूस कर रहे हैं, तो अपने जीवन पर एक नजर डालें और अपने आप से पूछें कि क्या आपने अपने लक्ष्य की ओर अपने प्रयासों में दृढ़ता दिखाई थी। क्या आपने आने वाली अड़चनों के पहले संकेत पर हार मान ली थी? क्या आपने मुश्किलों के सामने हाथ खड़े कर दिए और छोड़ दिया?

सच्चाई यह है कि हममें से अधिकांश लोग गिरने के बाद फिर से नहीं उठते। हम जीवन के किनारे चले जाते हैं और कर्ता बनने के बजाय द्रष्टा बनना पसंद करते हैं। जब आप समाज के महान लोगों के बारे में पढ़ते हैं, तो आप उनकी दृढ़ता के बारे में पढ़ते हैं। आप पढ़ते हैं कि कैसे वे बार-बार गिरते जाने के बाद भी जीवन में उठते रहे। वे तब भी उठते रहे जब भविष्य के लिए कोई उम्मीद नहीं दिख रही थी।

यदि मैंने इन महात्माओं के बारे में पढ़ने से कुछ सीखा है, तो वह यह है कि उन्होंने दृढ़ता को एक आदत बना लिया था। यह ऐसी चीज थी जिसका वे हर दिन अभ्यास करते थे। उनके पास उद्देश्य की स्पष्टता थी और उन्होंने किसी भी चीज को अपने रास्ते में नहीं आने दिया।

ऐसी दृढ़ता के साथ, यह संभव ही नहीं है कि वे सफल न हुए हों।

नेपोलियन हिल द्वारा लिखित मेरी पसंदीदा किताब *Think and Grow Rich* का एक उद्धरण है: "जो लोग दृढ़ता की आदत को अपनाते हैं, वे असफलता के खिलाफ बीमा का आनंद लेते हैं।"

क्या यह शक्तिशाली नहीं है?

आपके हैबिट कोच के रूप में, मैं चाहता हूँ कि आप दृढ़ता की इस आदत को अपनाएँ। असफलता के पहले संकेत पर ही हथियार न डाल दें। उठते रहें और आगे बढ़ते रहें।

मेरे जीवन में भी दृढ़ता ही मुझे सफल होने में मदद करती है। जब हमने पहली बार एक फोन ऐप लॉन्च किया, तो यह विफल हो गया। हमने उस पर बहुत सारा पैसा और समय खर्च किया था। यह दिल तोड़ने वाला था। लेकिन हमने अपनी गलतियों से सीखा और फिर से कोशिश की। अब लक्ष्य यह था कि मैं हर दिन जो कॉन्टेंट तैयार करता हूँ, उसे एक ही जगह पर इकट्ठा करके जबरदस्त मूल्य जोड़ सकूँ। वास्तव में लोगों को कदम-दर-कदम आदतें बनाने का तरीका दिखाना और सिखाना ही लक्ष्य बन गया।

मैंने हार नहीं मानी और मैं इस ऐप को एक जबरदस्त सफलता बनाने के लिए केंद्रित हूँ। बिलकुल 'itsy-bitsy' मकोड़े की तरह जो पानी के पाइप पर चढ़ रहा है!

तो, आपकी सुपर सरल आदत आपके जीवन की दिशा स्पष्ट करने से शुरू होती है। इसके बारे में स्पष्ट रहें। फिर गिरकर हर बार वापस कैसे उठना है, यह सीखें। गिरने से सीखें। पता लगाएँ कि क्या गलत हुआ, समस्या को ठीक करें और फिर से कोशिश करें।

दृढ़ता आपकी असफलता के खिलाफ बीमा है।

और, प्लेस्टोर पर जाएँ और ऐप जरूर देखें। इसका नाम Awesome180 है।

अभ्यास

इस अभ्यास के लिए, एक लक्ष्य की पहचान करें जिसके बारे में आप कुछ समय से सोच रहे हैं लेकिन जिसे आप पूरा नहीं कर पाए हैं।

लिखें कि यह आपके लिए क्यों महत्वपूर्ण है।

फिर, यह लिखें कि अब तक आप इस लक्ष्य को हासिल क्यों नहीं कर पाए हैं। आपने इसे आखिरी बार कब आजमाया था और आपके सीखने के अनुभव क्या थे?

खुद से वादा करें कि आप इस बार चुनौतियाँ आने पर भी इस लक्ष्य का पीछा करते रहेंगे। लिखें कि यदि कोई असफलता आती है तो आप कौन से दो कार्य करेंगे।

साथ ही, तीन चुनौतीपूर्ण चीजें लिखें जिन्हें आपने किया है, जहाँ आप शुरुआत में असफल हुए थे लेकिन अंत में दृढ़ता से अपने लक्ष्य को प्राप्त किया।

जब भी आप चुनौतियों का सामना करें, खुद को याद दिलाने के लिए इसे पढ़ें कि यह केवल एक रुकावट है, अंत नहीं!

चिंता न करें

क्या आप जानते हैं कि 'वरी' (worry) शब्द पुराने अंग्रेजी शब्द 'वर्गन' (wyrgan) से आया है? वर्गन का मतलब था गले के चारों ओर लपेटना और गला घोंटना। फिर मध्य अंग्रेजी में, मूल क्रिया का अर्थ बदल गया। अब इसका मतलब 'गले से पकड़कर फाड़ना' था। जैसे एक भेड़िया आपके गले को काटकर फाड़ रहा हो।

बाद में इसका अर्थ सांकेतिक रूप से 'उत्पीड़न करना' होने लगा। जैसे एक माँ अपने बड़े बेटे से कहती है, "अपने छोटे भाई को परेशान करना बंद करो।" उन्नीसवीं सदी में जाकर इसका अर्थ 'चिंता उत्पन्न करना' हुआ। उदाहरण के लिए, "मैं अपने पिता की सेहत को लेकर चिंतित हूँ।" यही वह अर्थ है जिसे हम सभी आज 'चिंता' शब्द के साथ जोड़ते हैं।

मुझे हमेशा शब्दों की उत्पत्ति रोचक लगती है। कल्पना कीजिए, 'चिंता (worry)' का मतलब था गले से पकड़कर फाड़ देना। मुझे पता है कि अक्सर जब हम चिंता करते हैं, तो ऐसा लगता है जैसे हमारा गला फाड़ा जा रहा हो। यह डर और घबराहट का अहसास है। हम बोलने में असमर्थ हो जाते हैं और डर से जम जाते हैं।

असल में, चिंता यही करती है। यह हमें कदम उठाने से रोकती है। यह हमें निर्णय लेने और आगे बढ़ने से रोकती है। और तो और हम सबसे बुरे परिणाम को सोचने लगते हैं और उसे अपने मन में बसने देते हैं। यह एक बर्तन में गर्म पानी में चाय की पत्तियों की तरह होता है, जो धीरे-धीरे गहरा और गहरा होता जाता है, जब तक कि यह पीने में बहुत कड़वा नहीं हो जाता।

यह पिछले कुछ वर्षों में हमारी वास्तविकता बन गई है। हमारे जीवन में सभी प्रकार की चिंताएँ उभर आई हैं। वित्तीय चिंताओं से लेकर हमारे स्वास्थ्य के बारे में चिंताओं तक। सभी प्रकार के वायु प्रदूषण जो आधुनिक शहरों का हिस्सा बन गए हैं, वह साँस लेने की चिंता उतपन्न करते हैं! मैंने लोगों को चीजों के बारे में चिंता करते हुए पूरी तरह

से शक्तिहीन होते देखा है। वो शब्द जो किसी चीज के बारे में चिंता करते समय सबसे अधिक उपयोग किए जाते हैं: क्या हो अगर? इन शब्दों ने कितने सपनों को मार डाला और कितने अवसरों को बेकार कर दिया। क्या हो अगर यह हो जाए, क्या हो अगर वह हो जाए? यह दिमाग का खेल है। उन स्थितियों की कल्पना करना जो अस्तित्व में नहीं हैं। ऐसे भविष्य के लिए परेशान होना जिसकी भविष्यवाणी नहीं की जा सकती।

मैं भी बहुत चिंता करता था। मेरा मन एक तूफान की तरह था: उत्तेजित, अंधकारमयी और शोरगुल से भरा। वहाँ बिल्कुल शांति नहीं थी। मैं बस भविष्य के बारे में चिंता करता रहता था। और मैं उन विचारों के साथ इतना जम जाता था कि मैं कोई कदम नहीं उठाता था। मेरा काम प्रभावित होता था और मेरे रिश्ते भी।

तभी मुझे एक फ्लो चार्ट मिला। मुझे नहीं पता कि इसका आविष्कार किसने किया। लेकिन यह एक प्रसिद्ध फ्लो चार्ट है और शायद आपने भी इसे देखा होगा। यह बहुत सरल है।

इसकी शुरुआत एक सवाल से होती है: 'क्या आपको कोई समस्या है?'

अगर जवाब नहीं है, तो यह आपको 'चिंता मत करो' की ओर ले जाता है। यह हमें अहसास दिलाता है कि हमारी आधी समस्याएँ हमारी कल्पना की उपज हैं।

दूसरी ओर, अगर आपका जवाब हाँ है, तो फ्लो चार्ट आपको अगले सवाल पर ले जाता है: 'क्या आप इसके बारे में कुछ कर सकते हैं?' अगर इसका जवाब हाँ है, तो आप समस्या को कैसे हल करें ये जानते हैं और फिर जब आपके पास कोई समस्या नहीं बचती, तो फ्लो चार्ट आपको फिर से 'चिंता मत करो' की ओर ले जाता है। अगर आप अपनी समस्या के बारे में कुछ नहीं कर सकते, तो यह आपको फिर से 'चिंता मत करो' की ओर ले जाता है। आखिरकार, अगर आपका समस्या पर कोई नियंत्रण ही नहीं है, तो चिंता करने से आप कुछ भी हासिल नहीं करेंगे।

अच्छी तरह से जीने की यही कुंजी है। चिंता करने का कभी कोई कारण नहीं होता। अगर आप कदम उठाते हैं, कार्रवाई करते हैं और समस्या को हल करते हैं, तो चिंता करने का कोई कारण नहीं बचता। और अगर आप किसी समस्या के बारे में कुछ नहीं कर सकते, तो चिंता करना छोड़ दें और इसके बजाय जो भी होने वाला है, उसे मनोरंजन या मजाक के रूप में देखें।

जब से मैंने इस फ्लो चार्ट का उपयोग करने की आदत डाली है, मेरी समस्याएँ गायब हो गई हैं। इसका कारण यह है कि आधे समय कोई वास्तविक समस्या नहीं थी और जब कोई समस्या थी भी, तो वह उतनी बुरी नहीं थी जितनी मेरी चिंता ने इसे बना दिया था!

तो, आपकी सरल आदत आपके मन में इस फ्लो चार्ट को अंकित करने से और हर बार जब आप खुद को किसी समस्या का सामना करते हुए पाते हैं, तो इसका उपयोग करने से शुरू होती है। जल्द ही, आप देखेंगे कि आप कुछ स्थितियों को अपने आप ही संभालने लेंगे।

चाय की पत्तियों को गर्म पानी में न रहने दें। उन्हें बर्तन से निकालें और अपनी चाय का आनंद लें!

अभ्यास

अपनी कुछ ऐसी बातें लिखें, जिससे आप चिंतित हैं।

क्या आप कोई ऐसा कदम उठा सकते हैं जिससे चिंता गायब हो जाए?

नीचे वह कदम लिखें। जाएँ और उसे अभी करें।

यदि स्थिति को सुधारने के लिए आप कोई कदम नहीं उठा सकते हैं, तो चिंता क्यों करना? इसके बजाय, यह प्रतिज्ञा लिखें कि आप चिंता छोड़ देंगे और जो भी सामने आए, उसका सामना करेंगे।

हर बार जब आप किसी समस्या के बारे में चिंता करते हुए खुद को देखें, तो इसे याद रखें।

जिज्ञासा

क्या आप जानते हैं कि हो सकता है कि क्रिस्टोफर कोलंबस उत्तर अमेरिका तक समुद्री मार्ग से यात्रा करने वाले पहले यूरोपीय नहीं हों? ऐसा लगता है कि एक नार्स अन्वेषक (explorer), लीफ एरिक्सन, 1000 ईस्वी में अमेरिका तक एक समुद्री मार्ग की खोज कर चुके थे। नार्स गाथाओं के अनुसार, एरिक्सन ने विनलैंड नामक एक बस्ती स्थापित की थी। यह कनाडा के न्यूफाउंडलैंड के आस-पास स्थित थी। और, कार्बन डेटिंग के अनुसार बस्ती वहाँ काफी समय तक मौजूद थी। मुझे जो दिलचस्प लगा वह यह है कि एरिक्सन के पिता एरिक द रेड एक बहुत प्रसिद्ध नार्समैन थे, जिन्होंने ग्रीनलैंड में नार्स बस्ती की स्थापना की थी। तो स्पष्ट रूप से, अन्वेषण उनके खून में था।

हाल ही में, मैं नेटफ्लिक्स पर बहुत सारे वाइकिंग शो देख रहा हूँ। मुझे उनके अन्वेषण का चित्रण बहुत अद्भुत लगा। आप एक छोटी सी नाव में बैठकर नई दुनिया की खोज के लिए निकल पड़ते हैं। आप यह जानते भी नहीं कि आपको क्या मिलेगा, बस चल देते हैं। हमारे जीवन में आज इस तरह का रोमांच और अज्ञात की खोज का अहसास गायब है। आजकल, हम पहले प्रमाण देखना चाहते हैं, फिर अन्वेषण करते हैं। पहले मुझे प्रमाण दिखाओ, फिर मैं इसके बारे में सोचूँगा।

मुझे इस बात का अहसास तब हुआ जब मैं एक दोस्त से बात कर रहा था। हम अध्यात्म के बारे में कुछ चर्चा कर रहे थे, और उसने कहा कि यह साबित होना चाहिए, तभी वह इस अन्वेषण के बारे में सोच सकती है। मैंने कुछ शोध किया और सीखा कि यह सोचने का तरीका विज्ञान से उत्पन्न हुआ है। आज हमारा समाज विज्ञान के आधार पर बना है और इसलिए यह सोचने का तरीका हमारे रोजमर्रा की भाषा में समा गया है। अगर इसे साबित नहीं किया जा सकता, तो यह अस्तित्व में नहीं है। अगर इसे एक प्रयोग के रूप में दोहराया नहीं जा सकता, तो यह गलत है।

मैं भी ठीक उसी तरह सोचता हूँ। मैं भी अपने जीवन में किए गए सभी परिवर्तनों के पीछे विज्ञान देखना चाहता हूँ। मैं उन आदतों के पीछे का विज्ञान देखना चाहता हूँ जिन्हें मैं अपने पॉडकास्ट पर आपसे साझा करता हूँ।

लेकिन ऐसे मौके भी होते हैं जब कोई प्रमाण नहीं होता। ऐसे मौके होते हैं जब आपको खुद अन्वेषक बनकर बस कूद जाना होता है। समुद्री यात्रा पर निकले उन बहादुर नार्समैनों की तरह जो नहीं जानते कि उन्हें क्या मिलेगा। अन्वेषण की यही भावना है जो हमें जीवन में नई चीजें हासिल करने में मदद करती है। अगर हम अन्वेषण नहीं करते हैं, तो हम स्थिर हो जाते हैं। हम वही बने रहते हैं। और एक बढ़ती दुनिया में, जब हम वही बने रहते हैं, तो हम तकनीकी रूप से पीछे की ओर जा रहे होते हैं।

आपके हैबिट कोच के रूप में, मैं आपसे पूछना चाहता हूँ, आपने आखिरी बार कुछ नया कब किया था? आपने आखिरी बार कब अन्वेषण किया था बिना यह जाने कि वह आपको कहाँ ले जाएगा और आपको क्या मिलेगा?

एक अच्छी आदत जो आपको एक अन्वेषक बना सकती है, वह है चीजों के बारे में सोचना। मैं जो करना पसंद करता हूँ वह है एक सवालिया भाव रखना और सोचते समय अपनी ठोड़ी को रगड़ना। यह सब और अधिक नाटकीय बनाता है!

इस रेस्तरां के मेनू में यह नया व्यंजन कैसा होगा?

क्या ऑफिस जाने का कोई दूसरा रास्ता है?

इस नए ऑनलाइन कोर्स से मुझे क्या सीखने को मिलेगा?

तो, आपकी सुपर सरल आदत एक अन्वेषक बनने और जीवन में नई चीजों की खोज करने की शुरुआत सिर्फ सोचने से होती है। क्या या कौन जैसे सवाल सोचने की आदत को अपनाएँ। अपने अंदर के अन्वेषक को बाहर लाएँ और अपने जीवन को बढ़ते हुए देखें, वैसे ही जैसे नार्स अन्वेषकों ने आज की दुनिया का विस्तार देखा होगा।

मैं तट पर खड़े लीफ एरिक्सन की कल्पना कर सकता हूँ। वह समुद्र की ओर देख रहा है और कह रहा है, 'मैं सोचता हूँ' या शायद अधिक सटीक रूप से, नॉर्वेजियन में, 'Jeg lurer' (उच्चारित 'याई लूर ए')।

अभ्यास

इस अभ्यास के लिए अपनी 'एक्सप्लोरर हैट' निकालें। इसे और प्रभावशाली बनाने के लिए अपनी अलमारी में पड़ी हुई टोपी या कैप निकालें। आज से यह टोपी आपकी पढ़ाई या कार्यक्षेत्र का हिस्सा होगी। जब भी आप उस टोपी को देखें, तो उसे कुछ मिनटों के लिए पहनें और ये शब्द कहें, 'मैं सोचता हूँ।' अब नियम यह है, कि एक बार जब आप शब्द कहते हैं, 'मैं सोचता हूँ', तो आपको सोचना होगा और वाक्य को उस प्रश्न के साथ पूरा करना होगा जो आपके मन में आए।

जब भी आप ऐसा करें, तो अपने 'मैं सोचता हूँ' प्रश्नों को नीचे लिखें।

इसे एक आदत बनाएँ और जल्द ही आप दुनिया को बहुत अलग तरीके से देखना शुरू कर देंगे। आप चीजों के बारे में दिलचस्प सवाल पूछेंगे और आपकी सोच बदल जाएगी। ऐसा करने का मकसद है अपने मस्तिष्क के 'जिज्ञासु मोड' के स्विच को एक बाहरी प्रॉप का इस्तेमाल कर ऑन करना। हम अपनी रोजमर्रा की, व्यस्त जिंदगी में जिज्ञासु होना भूल जाते हैं। इसे बदलने का समय आ गया है!

कबूतर का घोंसला

आइए मैं आपको उड़ने वाले चूहों के बारे में बताता हूँ। क्या आप जानते हैं कि कबूतर कभी भी पेड़ों पर घोंसला नहीं बनाते? मुझे इस बात का अहसास तब हुआ जब मैं लॉकडाउन के दौरान अपने फार्म में था। मैं वहाँ आठ महीने तक रहा और एक बार भी मुझे कबूतर नहीं दिखा।

हम शहर में कबूतरों को देखने के इतने आदी हो गए हैं कि हम यह मान लेते हैं कि वे हर जगह हैं। उन्हें आमतौर पर पंखों वाले चूहे या उड़ने वाले चूहे कहा जाता है क्योंकि शहरों में ये बहुत अधिक संख्या में हैं। और इसका कारण यह है कि वे पत्थरों में घोंसला बनाते हैं। इसका मतलब है कि जंगल में वे सामान्यतः टीलों या पहाड़ के निकले हुए हिस्सों पर घोंसला बनाएँगे। कबूतर चट्टानों में ऊँचाई पर छोटे-छोटे छेदों की तलाश करेंगे और वहाँ घोंसला बनाएँगे।

नर कबूतर घोंसले के लिए एक अच्छी जगह खोजेगा और अपनी ध्वनि से मादा को आकर्षित करने का प्रयास शुरू करेगा। जब उसे एक साथी मिल जाएगा, तो वह चट्टान में एक घोंसला बनाएगा। शहरों में, हमारी इमारतें उस चट्टान का काम करती हैं। ये पक्षियों को छोटे-छोटे कोने और छेद उपलब्ध कराती हैं। हमारे शहर कबूतरों के फलने-फूलने के लिए स्वर्ग के समान हैं।

उसी तरह, हम मनुष्य भी आदतों के जीव हैं। कुछ लोगों को पुस्तकालयों में समय बिताने की आदत होती है, कुछ को कार्यस्थल पर, कुछ को मॉल में खरीदारी करने की आदत होती है, जबकि कुछ को बार में पीने की आदत होती है। लेकिन कबूतरों के विपरीत, जो कभी पेड़ों में घोंसला नहीं बनाएँगे, हमारे पास सही और स्पष्ट निर्णय लेने की क्षमता है। हम यह चुनने में सक्षम हैं कि हम क्या करना चाहते हैं, हम कहाँ होना चाहते हैं, और हम दुनिया में कैसे दिखना चाहते हैं।

हर कुछ समय में, हमें ऐसा लगता है कि हम फँसे हुए हैं। हम जीवन में जहाँ रहना चाहते हैं, वहाँ नहीं हैं। हालाँकि, हमारी सभी पुरानी आदतें हमें उसी जगह फँसाए रखती हैं। लेकिन इससे भी महत्वपूर्ण बात यह है कि हमारे आस-पास के सभी लोग भी हमें उसी स्थान पर रख रहे हैं। आप देखिए, सभी कबूतर एक साथ घोंसला बनाते हैं और सभी गरुड़ पेड़ों में घोंसला बनाते हैं।

जब आप अपने जीवन, अपनी आदतें, अपने वातावरण को बदलना चाहते हैं, तो आपके साथ समय बिताने वाले लोग बदलने होंगे।

मुझे याद है जब मुझे अपने मोटापे और अस्वस्थ जीवन से छुटकारा पाने की इच्छा थी। मुझे रात को ग्यारह बजे खाना खाने वाले दोस्तों से मिलना बंद करना पड़ा और फिर उस वातावरण को बदलना पड़ा जिससे मैं अपनी आदतें बदल सकूँ।

जल्द ही मैं शहर में विभिन्न जिमों में अधिक समय बिताने लगा। मैंने योग की क्लासेस के लिए साइन अप किया और योग स्टूडियो में समय बिताया। मैं योग टीचरों से मिला जो शाम को 6 बजे खाना खा लेते थे और 10 बजे तक सो जाते थे। पिज्जा रेस्तरां की जगह सलाद पॉइंट्स ने ले ली। लॉन्ग आइलैंड आइस्ड टी को कम्बूचा ने बदल दिया।

इसका सार यह है कि हमें कहाँ समय बिताना है, यह महत्वपूर्ण है। हमारा वातावरण निर्धारित करता है कि हम किस तरह के इंसान बन सकते हैं।

हम में से कई लोग अपने घरों में विषाक्त वातावरण में फँसे होते हैं। हम अपना जितना हो सके उतना समय बाहर, नए वातावरण में बिताते हैं। हम में से कई अमीर और धनी बनना चाहते हैं लेकिन ऐसे वातावरण में फँसे हैं जो अमीर और धनी महसूस करने की अनुमति नहीं देता।

मुझे याद है एक समय दुनिया के सबसे अमीर आदमी अरिस्टोटल ओनासिस ने कहा था कि लोगों को शहर में सबसे शानदार होटल में समय बिताना चाहिए। बस लॉबी में बैठें। या भले ही कॉफी शॉप में जाकर मेनू में सबसे सस्ती चीज मंगवाएँ, लेकिन उस स्थान में समय बिताना जरूरी है। आप वहाँ आस-पास के लोगों को देखकर चीजें सिखने लगेंगे। आप मानसिकता बनाने लगेंगे।

शायद आप उस लॉबी में दोस्त बना लें। वे दोस्त आपको दूसरे लोगों से मिलवा सकते हैं। और शीघ्र ही आप एक अलग सोशल ग्रुप में होंगे। वे स्थान जहाँ हम अपना समय बिताने का चयन करते हैं, वह निर्णय करता है कि हम अपने लिए कैसा जीवन बना रहे हैं।

तो, आपकी सुपर सरल आदत शुरू होती है यह तय करने से कि आप किस तरह का जीवन जीना चाहते हैं। फिर यह तय करना है कि जिन लोगों का जीवन आपको आकर्षित करता है, वह अपना समय कहाँ बिताते हैं। जाएँ और अपना स्थान बदलें।

जैसा कि मैंने पहले कहा था, आप एक कबूतर नहीं हैं, आपके पास यह क्षमता है कि आप उड़ सकते हैं और जहाँ आप चाहें वहाँ जगह बदल कर अपना घोंसला बना सकते हैं!

अभ्यास

तीन महत्वपूर्ण बदलाव लिखें जो आप अपने सपनों का जीवन जीने के लिए करना चाहते हैं।

इसके बाद, लिखें कि भविष्य में आपको किस रूप में बदलना होगा ताकि आप अपने सपनों का जीवन जी सकें।

आपकी दैनिक दिनचर्या कैसी दिखेगी?

अपने आज और अपने सपनों के जीवन के किसी एक दिन के बीच के अंतर का विश्लेषण करें।

इस अंतर को कैसे पाट सकते हैं, इसके बारे में सोचें और इन सवालों के जवाब लिखें।

आपको किन लोगों के साथ रहना चाहिए? कौन से महत्वपूर्ण स्थान परिवर्तन करने होंगे? आपको रोजमर्रा की कौन सी आदतें बदलनी होंगी?

बोल्ड बनें

क्या आप जानते हैं कि अमेरिकी टेलीविजन पर पहला अंतर्जातीय (इंटररेशियल) चुंबन स्टार ट्रेक में हुआ था? यह कैप्टन कर्क और उहूरा के बीच हुआ था। पहले तो वह किस स्पॉक और उहूरा के बीच होने वाला था, लेकिन विलियम शैटनर को जब अहसास हुआ कि यह इतिहास रचेगा तो उन्होंने यह खुद करने का फैसला लिया।

अगर आप स्टार ट्रेक से परिचित नहीं हैं, तो यह एक सुपरहिट कल्ट टीवी शो है, जहाँ स्टारशिप एंटरप्राइज के क्रू के पास मिशन है, ज्ञात अंतरिक्ष की सीमा तक यात्रा करने और उसके पार नई दुनिया की खोज करने का। शो अपनी ओपनिंग लाइन के लिए प्रसिद्ध है: *अंतरिक्ष: अंतिम सीमा। ये स्टारशिप एंटरप्राइज की यात्राएँ हैं। इसका पाँच वर्षीय मिशन: अज्ञात नए ब्रह्मांडों की खोज करना। नए जीवन और नई सभ्यताओं की तलाश। उस जगह की ओर साहसपूर्वक जाना, जहाँ कोई इंसान पहले नहीं गया है!*

मेरे लिए 'बोल्डली' शब्द बहुत प्रभावशाली और शक्तिशाली है। बचपन में, जब मैं शो देखता था, तब मैंने इन लाइनों को हजारों बार कहा होगा। लेकिन इस शब्द 'बोल्डली' का कितना महत्व है, ये मैं अब समझ पाया हूँ। इसमें वजन का अहसास है। एक स्तर का अहसास। भय को दूर करने का अहसास। अपने विश्वासों और दुनिया में सही और न्यायपूर्ण के लिए खड़े होने का अहसास।

शब्दकोश 'बोल्ड' को (व्यक्ति, कार्य या विचार) जो जोखिम लेने के लिए तैयार है; आत्मविश्वासी और निडर के रूप में परिभाषित करता है। इससे मेरे मन में यह सवाल उठा: क्या बोल्ड होना एक आदत बन सकता है? क्या यह आखिरकार हमारे व्यक्तित्व का हिस्सा, हमारे अस्तित्व का हिस्सा बन सकता है?

हम में से बहुत से लोगों के लिए आत्मविश्वासी होना सिर्फ एक सपना है। हम स्वयं आशंकित होते हैं। हम खुद को सबसे बुरे के रूप में देखते हैं। हमें अपनी क्षमताओं

में विश्वास नहीं होता। इस आत्मविश्वास की कमी के परिणामस्वरूप हम कुछ भी नहीं करते हैं। हम उन अवसरों को हाथ से जाने देते हैं जो जीवन हमें देता है। हम उस समृद्धि को नष्ट कर देते हैं जो हमारी हो सकती थी।

आगे बढ़ने के लिए इस शब्द का उपयोग किया जाने वाला अगला शब्द 'साहस' है। असहज या खतरनाक स्थितियों में डर पर काबू पाने की क्षमता साहस है। अपने जीवन में हम शायद ही किसी खतरनाक स्थिति से गुजरते हैं। लेकिन हम अक्सर असहज स्थितियों में खुद को पाते हैं। और हमें असहज होने से डर लगता है। हम आसानी से अपमानित हो जाते हैं। हम बिना प्रयास के ही हार मान लेते हैं। हमने असुविधाजनक चीजें करने की क्षमता खो दी है।

सोचिए, हमारा जीवन कितना अलग होता अगर हम अधिक आत्मविश्वासी और साहसी होते। दूसरे शब्दों में अगर हम 'बोल्ड' होते तो!

हाल ही में, मुझे प्राइम टाइम टेलीविजन पर फाइनेंशियल हैबिट पर चर्चा करने के लिए आमंत्रित किया गया था। हम में से अधिकांश लोगों के लिए यह बहुत डरावना हो सकता है। यह मेरे लिए भी कोई अलग नहीं था। हालाँकि, इसमें असली चुनौती यह थी कि यह इंटरव्यू हिंदी में होना था।

सही से समझाऊँ तो असल बात ये है कि मैं हिंदी के हर एग्जाम में फेल होता आया हूँ और मेरा उच्चारण भी बहुत अच्छा नहीं है। तो, जब मुझे हिंदी में इंटरव्यू के लिए प्रस्ताव आया, मैंने क्या किया? इससे पहले कि मेरा दिमाग इस डर को सोच पाता, मैंने हाँ कह दिया।

हिंदी में बहुत ही प्रसिद्ध न्यूज़ चैनल पर होना... आह! मुझे डर और घबराहट हुई। लेकिन मैंने 'बोल्ड' शब्द को याद किया। और इससे मैंने अपनी 'बोल्ड' होने की आदत का अभ्यास करना शुरू किया। अपनी हिंदी पर मुझे विश्वास नहीं था। लेकिन मुझे अपने बातचीत के कौशल पर पूरा भरोसा था। मुझे पता था कि मैं अपनी बात कह दूँगा, भले ही मेरा व्याकरण सही न हो।

साहस इस बात से आया कि यहाँ कोई असली खतरा नहीं था। यह निश्चित रूप से असहज होने वाला था, लेकिन इससे निपटा जा सकता था। जब इंटरव्यू का दिन और समय आया, तो मैंने उन वित्तीय आदतों को साझा किया जिन्हें मैंने लोगों के लिए

सबसे उपयुक्त माना। मैंने दूसरों की मदद करने पर ध्यान केंद्रित किया, न कि दूसरों की नजर में मैं कैसा दिख रहा हूँ, इस बात पर।

इंटरव्यू बहुत अच्छा हुआ। एंकर कविता ने जहाँ भी मुझे जरूरत हुई, तुरंत मेरी मदद की। अगर आप चाहें तो यह इंटरव्यू देख सकते हैं। बस 'Ashdin Doctor ET NOW' खोजें।

तो, आपकी सुपर सरल आदत उस समय और घटनाओं को देखने से शुरू होती है जब आपको बोल्ड होने की आवश्यकता होती है। यह किसी के खिलाफ खड़े होना हो सकता है। या एक विषाक्त संबंध से बाहर निकलना हो सकता है। या फिर नई नौकरी लेना हो सकता है।

छोटे से शुरू करें और धीरे-धीरे बढ़ते जाएँ, बोल्ड होते जाएँ। भयमुक्त, आत्मविश्वासी और साहसी! जैसे स्टारशिप एंटरप्राइज की यात्राएँ हुआ करती थीं। जहाँ किसी ने पहले कदम नहीं रखा, वहाँ साहसपूर्वक (boldly) जाएँ।

और हाँ, सभी *स्टार ट्रेक* के प्रेमियों के लिए, मैंने अंतिम वाक्य को साहसपूर्वक (boldly) बदल दिया है।

अभ्यास

बोल्ड होना आवश्यक आदत है। इसे अपने व्यक्तित्व का हिस्सा बनाने के लिए इस अभ्यास को करें।

ऐसी तीन चीजें लिखें जिन्हें आप आज अगर बोल्ड होते तो करते? इसमें कोई एक हॉबी भी शामिल हो सकती है जिसे आप शुरू करने से डरते हैं। इसमें किसी ऐसे व्यक्ति के खिलाफ खड़ा होना भी शामिल हो सकता है, जो आपके साथ अच्छा नहीं बर्ताव कर रहा है। यह अपने करियर में एक छोटा सा जोखिम लेना भी हो सकता है। यह एक नया हेयरस्टाइल भी हो सकता है, जिसे आपने कभी आजमाना चाहा हो लेकिन नहीं कर पाए हों।

अब अपने डर का वर्णन करें। आपको किस बात का डर है? आपको जो कुछ करना है, उसे करने में आपको कौन सी चीज रोक रही है?

अब यह विश्लेषण करें कि क्या यह सचमुच हानिकारक है या बस असहज। ऐसी कल्पना करें कि आपने अपने भय को एक डिब्बे में डाल कर उसे सीमेंट से भर दिया है और गहरे समुद्र में फेंक दिया है। वो डर अब आप तक वापस नहीं आ सकते।

पहले उत्तरों पर वापस जाएँ, और तीन में से किसी एक को चुनें। इस पर काम करें, चाहे वह कितना भी छोटा हो। जब आप उस कार्य को पूरा करें, तो अपने साहस को स्वीकार करें। अपने बोल्ड होने पर विश्वास करें और उस अधिकार और शक्ति को महसूस करें जो बोल्ड होने के साथ आते हैं। अपने प्रयास की सराहना करें और बचे हुए दो कार्यों की शुरुआत करने के लिए अपने आप को हल्के से प्रोत्साहित करें।

अपना दुखड़ा रोना बंद करें

क्या आपको पता है कि झींकना या अपना दुखड़ा रोना धरती पर सबसे ज्यादा गुस्सा दिलाने वाली आवाजों में से एक है? एक अध्ययन के अनुसार, शोधकर्ताओं ने बताया कि बच्चों के झींकने की आवाज चॉकबोर्ड पर नाखून चलाने, भारी ड्रिलिंग की आवाज, रोने की आवाज और लकड़ी खुरचने की आवाज से भी अधिक ध्यान भटकाने वाली होती है।

दो से चार वर्ष के बीच बच्चे अपने झींकने की आदत को हथियार की तरह इस्तेमाल करने की शुरुआत करते हैं। उन्हें यह पता होता है कि इस आवाज से वे बड़ों से प्रतिक्रिया प्राप्त कर सकते हैं। यह उनका संवाद करने और किसी प्रकार की शक्ति प्राप्त करने का तरीका है। यह काम करता है क्योंकि माता-पिता निराशा और गुस्से के साथ प्रतिक्रिया देते हैं। झींकने के दौरान निकलने वाली कर्कश ध्वनि रोने से भी अधिक तंग कर देती है।

क्योंकि झींकने से लगता है कि लोगों का ध्यान आकर्षित होता है, इसलिए कई लोग वयस्क होने पर भी झींकना जारी रखते हैं। हम सभी लोग ऐसे लोगों को जानते हैं जो शिकायत करते हैं और उसी तरह के ऊँचे स्वर में व्यवहार करते हैं। आपको उनके सिर पर कुछ मारने की इच्छा होती है!

वयस्कों और बच्चों के बीच झींकने में अंतर यह है कि बच्चे उन चीजों के लिए झींकते हैं जिन्हें वे तुरंत चाहते हैं। वे सीधे से माँगते हैं: 'मुझे अभी के अभी चॉकलेट चाहिए!' दूसरी तरफ वयस्क साधारण बातचीत में झींकने को चुपके से घुसाते हैं: 'तो, सूजी, इस वीकेंड तुम क्या मजेदार चीजें कर रही हो?' और सूजी उत्तर देती है, 'ओह, तुम तो जानते ही हो, काम और बच्चों के बीच और रोज के खर्चों के बीच, मेरी क्या ही जिंदगी है! मैं इतनी व्यस्त हूँ कि मुझे कुछ भी मस्ती का समय नहीं मिलता।'

दोस्तो, यह वयस्कों का दुखड़ा रोने का अंदाज है। यह एक वयस्क के लिए ध्यान आकर्षित करने का तरीका है। तीन प्रकार के सामान्य कारण हैं जिनके लिए एक वयस्क रो सकता है:

वे किसी चीज को लेकर अत्यधिक व्यथित हैं और उसे बदलने में अशक्त महसूस करते हैं।

वे एक ही समय पर क्रोधित और उदास होते हैं और चिंता करते हैं कि यह उनकी खुद की गलती है।

उन्हें खुद को शांत करने का तरीका नहीं मालूम है।

वयस्क के रूप में जब हम इनमें से किसी स्थिति में होते हैं, तो हम दुखड़ा रोना शुरू कर देते हैं, और जो भी हमें सुने, उसे ही अपना रोना सुनाने लगते हैं। हम नहीं समझ पाते कि अंत में वह व्यक्ति ऊब जाएगा और हमसे बात नहीं करेगा। और यह हमारी समस्याओं को और बढ़ा देगा। हमें दुनिया को बदलने का प्रयास करने से पहले खुद को बदलने की जरूरत है। तो चलिए देखें कि हम कैसे झींकना बंद कर सकते हैं।

सबसे पहले अपनी आवाज की टोन पर ध्यान दें। क्या यह नाक से निकलती हुई ऊँची आवाज है? क्या आप पूरे वाक्यों की बजाय 'प्लीज! अभी!' जैसे शब्दों का उपयोग कर रहे हैं?

इसके बाद अपने चेहरे के भावों का ध्यान रखें। क्या आप मुस्करा रहे हैं या गुस्से में हैं? जब आप कोई चीज माँग रहे हैं, तो कोशिश करके मुस्कराते रहें और सीधे देखें। इस तरह ऐसा नहीं लगेगा कि आप रो रहे हैं या शिकायत कर रहे हैं।

फिर ध्यान दें कि आप अपने वाक्यों को कैसे फ्रेम करते हैं: 'मैं तुमसे बहुत प्यार करता हूँ, लेकिन तुम मेरे साथ ज्यादा समय नहीं बितातीं। मैं हमेशा तुमसे मिलने के लिए पूछता हूँ।' यह रोने और शिकायत का तरीका था। इसके बजाय, आप कहें: 'मैं तुमसे प्यार करता हूँ, साथ में और भी ज्यादा वक्त बिताना कितना अच्छा होगा! तुम्हारे साथ कितना भी समय काफी नहीं लगता।' क्या आपने इसमें अंतर देखा? पहला वाला शिकायत है; दूसरा सुझाव और प्रशंसा है।

इनमें से किसे बेहतर जवाब मिलेगा? झींकने से आप ध्यान तो आकर्षित कर लेंगे लेकिन अंततः, एक नकारात्मक परिणाम मिलेगा। लेकिन दूसरे तरीके से आपको एक डिनर डेट मिल सकती है!

अपना दुखड़ा रोने वाले लोगों की एक और बुरी आदत यह है कि वे आपको किसी काम में मजबूर करने की कोशिश करते हैं। वे आपको एक काम न करने के लिए दोषी महसूस कराने की कोशिश करते हैं। हमें समझने की जरूरत है कि किसी को दोषी महसूस कराने का तरीका एक प्रकार का आक्रमण या आघात ही है। यह इसलिए है क्योंकि जब भी आप इसे इस्तेमाल करते हैं, दूसरा व्यक्ति इसे हमले के रूप में ही लेता है! अगर आप ऐसा ही करते रहे, तो लोग आपके साथ काम करने या आपके आस-पास रहने में इच्छुक नहीं रहेंगे।

अब जब आप जानते हैं कि आपको किस चीज पर काम करना है, तो आपको अपना दुखड़ा रोना बंद करने की एक सुपर सरल आदत शुरू करनी होगी: उन चीजों की पहचान करना जो आपको दुखड़ा रोने पर मजबूर करती हैं।

हम सभी में ऐसी कोई न कोई बात है जिसे लेकर हम झींकते हैं। किसी के साथ पर्याप्त समय नहीं बिता पाना, पर्याप्त धन नहीं होना, अपने काम से नफरत करना, प्रेम विहीन महसूस करना आदि।

अगला कदम है, अपने आप पर काम करना शुरू करें। जब आप अपने आप को झींकता हुआ पाएँ, तो उस वाक्य को एक सराहना देने वाले वाक्य के रूप में दोबार गढ़ने का प्रयास करें। मुस्कराहट के साथ उसी बात को कहने की कोशिश करें। विचार या सोच को दोबारा गढ़ने की कोशिश करें।

एक शिशु या एक रोतलू बच्चे जैसा मत बनें! एक मजबूत और शक्तिशाली वयस्क बनें—जो बातचीत करते हैं, न कि गुस्सा दिलाने वाली शिकायती आवाजें निकालते हैं।

अभ्यास

इस अभ्यास के लिए अपने व्यवहार को ध्यान से देखें ताकि आपको यह पता चले कि क्या आपको शिकायत करने या झींकने की आदत है। इसे कैसे किया जा सकता है, यहाँ विस्तार से बताया गया है।

ध्यान दें कि जब लोग आपसे पूछते हैं कि आप कैसे हैं, तो आप कैसे जवाब देते हैं। अपने शब्दों, आवाज और उस भावना पर ध्यान दें जो आप सामने वाले तक पहुँचाने की कोशिश कर रहे हैं।

अगर आप खुद को शिकायत या दुखड़ा रोते पाएँ, तो खुद से पूछें, 'मुझे दुखड़ा रोने की जरूरत क्यों महसूस होती है?'

उदाहरण के लिए, क्या आप सहानुभूति प्राप्त करने की कोशिश कर रहे हैं? क्या आप किसी को सुरक्षित करने की कोशिश कर रहे हैं? क्या आपको किसी का ध्यान आकर्षित करने की आवश्यकता है?

चाहे कारण जो भी हो, उसे लिख लें।

अगले कदम में, अपने विचारों को फिर से गढ़ें। दुखड़ा रोने की इस आदत को पलटने के लिए, आपको कृतज्ञता की आदत को विकसित करना होगा।

हर बार जब आप खुद को झींकते हुए पाएँ, उसे कम से कम तीन अनूठी चीजों के साथ बदल दें जिनके लिए आप आभारी हैं। यह आपको

आपके वर्तमान क्षण में वापस ले आएगा। वह तीन चीजें लिखें जिनके लिए आप आभारी हैं।

इन सरल बदलावों का पालन करें और शीघ्र ही झींकना या दुखड़ा रोना गुजरे जमाने की बात हो जाएगा!

---

ekadā द्वारा प्रकाशित अन्य किताबें

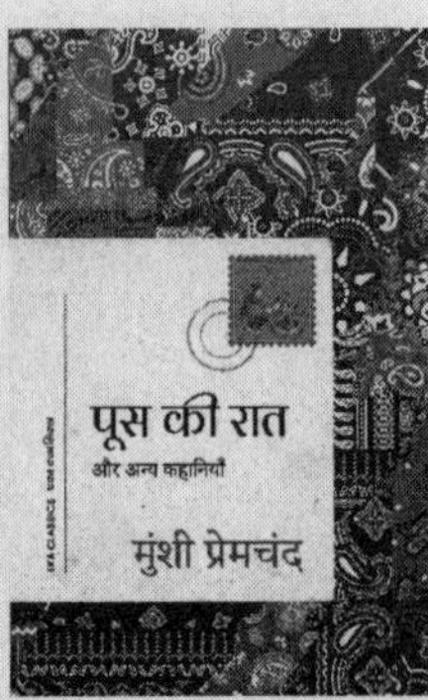